Deutsch mit Fred

Rechtschreibung

ARBEITSBUCH
für HS, AHS und Neue Mittelschule

Dr. Sonja Hauer

G&G

www.deutsch-mit-fred.com

www.ggverlag.at

ISBN 978-3-7074-1322-9

In der aktuell gültigen Rechtschreibung

9. Auflage 2014 (9,00)

Printed by Brüder Glöckler, Wöllersdorf

INHALTSVERZEICHNIS

TEIL IV

Groß- und Kleinschreibung

TEIL V

Wiederholungsübungen

Abkürzungsverzeichnis

Abs.	Absatz
Adj.	Adjektiv
Adv.	Adverb
AE	Artergänzung
Akk.	Akkusativ
Anführungsz.	Anführungszeichen
Anm.	Anmerkung
App.	Apposition
Art.	Artikel
Attr.	Attribut
BE	Begründungsergänzung
besitzan.	besitzanzeigend
Bsp.	Beispiel
bzw.	beziehungsweise
cm	Zentimeter
Dat.	Dativ
d.	der, die, das, des
DI	Diplomingenieur
d. h.	das heißt
Ersatzinf.	Ersatzinfinitiv
etc.	et cetera, und so weiter
EW	Eigenschaftswort
EZ	Einzahl
F.	Fall
Fem.	Femininum
FW	Fürwort
Fut.	Futur
geb.	geborene(r)
Gen.	Genitiv
GS	Gliedsatz
HS	Hauptsatz
HW	Hauptwort
HZW	Hilfszeitwort
Imp.	Imperativ
indir.	indirekte (e)

Inf.	Infinitiv
Interj.	Interjektion
Kap.	Kapitel
kg	Kilogramm
km	Kilometer
l	Liter
lat.	lateinisch
Lsg.	Lösung
M	Meter
männl.	männlich
Mask.	Maskulinum
MZ	Mehrzahl
Neg.	Negation
Neutr.	Neutrum
Nom.	Nominativ
O	Objekt
od.	oder
OE	Ortsergänzung
P	Prädikat
Pers.	Person
Perf.	Perfekt
pers.	persönliche/r/s
Pl.	Plural
Plusqu.	Plusquamperfekt
Präs.	Präsens
Prät.	Präteritum
Pron.	Pronomen
S	Subjekt
sächl.	sächlich
Sing.	Singular
Umstandserg.	Umstandsergänzung
usw.	und so weiter
V.	Verhältnis
v.	von
vgl.	vergleiche
weibl.	weiblich
z. B.	zum Beispiel
ZE	Zeitergänzung

Anmerkung zur Handhabung dieses Übungsbuches

1) In den Übungsbüchern Deutsch mit Fred: „Grammatik I" und „Grammatik II" sowie im „Arbeitsbuch für die deutsche Rechtschreibung" wurden in den Übungen vor sämtliche Ruf- bzw. Fragezeichen absichtlich Leerzeichen gesetzt, um den Schülerinnen und Schülern das Erkennen der jeweiligen Bedeutung des Satzes zu erleichtern. Dies ist bzw. war nur als zusätzliche Hilfe gedacht, die in „Grammatik III" nicht mehr vonnöten ist. Im normalen Schriftverkehr darf vor einem Ruf- bzw. Fragezeichen kein Leerzeichen gesetzt werden!

2) Dem vorliegenden Übungsbuch liegen die Empfehlungen des Rats für deutsche Rechtschreibung vom Februar 2006 zugrunde. Diese gestatten in einigen Fällen der Groß- und Kleinschreibung, Beistrichsetzung und Getrenntschreibung eine flexiblere Handhabung der Rechtschreibung und lassen zwei Schreibvarianten zu, aus denen der Schreiber/die Schreiberin nach eigenem Ermessen wählen kann.
Im Übungsteil des vorliegenden Buches wurde zur Gewährleistung der besseren Lesbarkeit und Übersichtlichkeit stets nur eine der beiden zulässigen Varianten geschrieben, während im Lösungsteil beide Varianten angeführt wurden.

3) In sämtlichen Übungen werden bewusst abwechselnd die deutschen bzw. die lateinischen Fachbegriffe verwendet, um den Schülerinnen und Schülern den Gebrauch beider zu erleichtern.

4) Beim Gebrauch des Genitivs stehen dem Schreiber/der Schreiberin bei vielen Nomen zwei Möglichkeiten zur Verfügung: z. B. des Buchs oder des Buches.
Beide Schreibweisen sind zulässig, werden aber im Arbeits- bzw. Lösungsteil nicht immer extra angeführt.

TEIL I: DIE LANG GESPROCHENEN VOKALE

a, ah oder aa ?

***MERKE**: Das lang gesprochene **a** wird entweder einfach, als Verdoppelung (**aa**) oder mit einem **h** als Dehnung (**ah**) geschrieben. Vor **l**, **m**, **n** und **r** steht sehr oft ein **h** als Dehnung nach dem Selbstlaut, wenn er **lang** gesprochen wird.*

Setze in den folgenden Sätzen die fehlenden Buchstaben richtig ein:

1. Vor unserer Gartentür steht ein fremder W...gen.
2. Ich f...re mit der Straßenb...n zur Schule.
3. Sie hat gerade keine Zeit. Sie wäscht sich die H...re.
4. Gestern hätte ich bein...e einen Unfall geh...bt.
5. Als Vorspeise gibt es heute nur S...l...t.
6. Am Ende des Gebets kommt das ...men.
7. Beim Indianerspiel haben sie mich an den Marterpf...l gebunden.
8. Fred konnte nichts essen. Er hatte Z...nschmerzen.
9. Das Pferd musste zum Tierarzt. Sein Vorderfuß war l...m.
10. Um dein Gewicht feststellen zu können, brauchst du eine W...ge.
11. In dieser Schule hat der Direktor das S...gen.
12. Er lügt. Was er behauptet, ist nicht w...r.
13. Wer nicht rechtzeitig bez...lt, wird gem...nt.
14. Um auf den Gipfel zu gel...ngen, musst du immer auf diesem Pf...d bleiben.
15. Aus dem Schlauch kam ein starker Wasserstr...l.
16. Heute unterschreiben wir den Vertr...g.
17. Wir mussten das ganze Ungeziefer verg...sen.
18. Manchmal bist du eine richtige Pl...ge.
19. Um den Kasten festbinden zu können, brauchen wir einen Sp...g...t.
20. Europa besteht aus vielen St...ten.
21. Gestern zog ich beim Fischen einen ...l aus dem Wasser.
22. Vor dem Einkaufszentrum hängt ein großes Pl...k...t.
23. Sechzehn ist eine Z...l.
24. Er m...lt gerade an einem neuen Bild.
25. Dieses Verbrechen wird ge...ndet. Sie f...nden nach dem Täter.
26. Sie hat ...kne im Gesicht.

27. Wenn es morgen nicht kalt ist, gehen wir b...den.
28. Immer wieder begibt er sich in große Gef...r.
29. Der H...n kräht auf dem Misthaufen.
30. In der Mühle wird das Getreide gem...len.
31. Bitte, ich hätte gerne ein p...r Ban...nen.
32. Dieses Verh...lten ist wirklich ab...rtig.
33. Es ist sehr w...rscheinlich, dass sie nächste Woche wiederkommt.
34. Er holt sich von der B...r ein Getränk.
35. Auf diesem Hügel befinden sich viele Gesteinsabl...gerungen.
36. Ich bin gespannt, wer heuer die W...l gewinnt.
37. Wenn das öffentlich wird, gibt es einen Sk...nd...l.
38. Bei unserer W...nderung k...men wir durch ein großes T...l.
39. Die Getränke werden vom langen Stehen sch...l.
40. Der W...l ist ein Säugetier.
41. Sie haben mich betrogen. Ich werde Sie verkl...gen.
42. Es konnte wirklich keiner ...nen, dass das Haus so verw...rlost ist.
43. Sie ist in den Gr...ben gefallen.
44. Eine schöne Stimme ist eine G...be.
45. Die Strecke ist ziemlich l...ng.
46. Sie haben dem bekannten Politiker ein Denkm...l errichtet.
47. Es geht ihm nicht gut. Er hat gerade eine schwierige Ph...se.
48. Dieser Witz gefällt mir nicht. Er ist ganz schön m...k...ber.
49. Dieser Hund ist wirklich sehr wachs...m.
50. Für die Rep...r...tur brauche ich einen Dr...t.
51. Ich glaube, er bekommt eine Glatze. Sein Kopf ist schon ganz k...l.
52. Du musst das Fleisch länger br...ten, sonst wird es nicht g...r.
53. Das Mädchen ist klein und z...rt.
54. Der Ball findet in einem großen S...l statt.
55. Bitte stelle die Blumen in eine große V...se.
56. Mir fehlte die Luft zum ...tmen, als ich das ...s sah.
57. Wo haben Sie die W...re versteckt ?
58. Morgen beginnt der Bauer mit der S...t. Er hat schon den S...men dafür gekauft.
59. Im Stadtp...rk gibt es viele R...ben.
60. Man soll nicht mit seinem Reichtum pr...len.
61. Er glaubt nicht an das Or...kel.
62. Ich schicke das Paket per Nachn...me.
63. Es war furchtb...r peinlich. Mir stieg die Sch...mesröte ins Gesicht.
64. In unserer Küche krabbelt eine Sch...be.
65. Sie bewies ausn...msweise einm...l Anteiln...me.

66. Er hat das Rennen verloren. Er war zu l...ngs...m.
67. Die beiden sind wirklich ein schönes P...r.
68. Die letzte Stunde war die reinste Qu...l.
69. Sie haben einen wunderschönen R...sen.
70. Sein Gesicht wurde plötzlich aschf...l.
71. Nach der Trauung wurden alle Gäste zum Hochzeitsm...l geladen.
72. Ich finde dieses Bild sehr s...kr...l.
73. Bitte schicken Sie diesen Entwurf zu einem Verl...g.
74. Er spielt in diesem Film einen Ölm...gn...ten.
75. Sie ist immer so w...gh...lsig.
76. Er hat immer eine Ausrede p...r...t.
77. Diese Musik dringt mir bis ins M...rk.
78. Bitte nennen Sie mir Ihren Nachn...men!
79. Das Bild hängt nicht w...grecht.
80. Du w...gst es nicht, mich anzugreifen.
81. Das ist nur eine Ann...me von mir.
82. Er stolperte über das K...bel.
83. Kiwis haben eine weiche Sch...le.
84. Im Park sitzt eine Sch...r von Vögeln.
85. Ist das Leben nicht wunderb...r ?
86. In diesem Zoo haben sie einen z...men Leop...rden.
87. Manchmal bist du ein richtiges Scheus...l.
88. Ich glaube, diese Erf...rung war sehr heils...m für ihn.
89. Nimmst du bitte das Salz aus dem Reg...l ?
90. Das Gold ist sicher verw...rt.
91. Endlich ist Schluss mit der Drangs...l.
92. Die Nachb...rn sind Ihnen alle sehr dankb...r.
93. Trotz allem bin ich der Meinung, dass er eins...m ist.
94. Das Gebäude wurde mit St...lträgern errichtet.
95. Ganz eg...l, wie du darüber denkst, ich finde seine Meinung über die Agr...rpolitik nicht richtig.
96. Er versucht immer, seinen großen Bruder nachzu...men.
97. Für dieses Gericht wird R...m benötigt.
98. Man legte den Verletzten auf die B...re.
99. Du bist w...nsinnig geworden.
100. Der Film war so uns...gb...r schlecht.
101. Am Teich liegt ein alter K...n.
102. Heute treffe ich mich mit K...rin.
103. Der Erfolg blieb ihm diesmal vers...gt.
104. Der Schl...g tr...f ihn in den M...gen.
105. Kann man diesen K...rren mieten ?

ä oder äh ?

***MERKE**: Das lang gesprochene **ä** wird entweder einfach oder mit einem h als Dehnung **(äh)** geschrieben.*
*Vor **l**, **m**, **n** und **r** steht sehr oft ein **h** als Dehnung nach dem Selbstlaut, wenn er **lang** gesprochen wird.*

Setze in den folgenden Sätzen die fehlenden Buchstaben richtig ein:

1. Das Gras ist schon so hoch. Ich muss den Rasen m...en.
2. Sie weinte bittere Tr...nen.
3. Hast du schon den kleinen B..ren gesehen ?
4. Der n...chste Ort liegt ungef...r zwei Kilometer entfernt.
5. Der Großvater erz...lt den Kindern eine lustige Geschichte.
6. Vorsicht ! Dieses Putzmittel ist ...tzend.
7. In Venedig gibt es viele Kan...le.
8. Rauchen ist sch...dlich.
9. Die Frau meines Bruders ist meine Schw...gerin.
10. Ich möchte, dass du aufhörst, deinen Bruder zu ...rgern.
11. Seine Mutter ist immer in der N...e.
12. Der Aufzug bewegt sich abw...rts.
13. In diesem Wald werden viele Bäume geschl...gert.
14. Für dein schlechtes Benehmen verlange ich eine Erkl...rung.
15. Dieses Korn hat eine schöne ...re.
16. Es geht ihm nicht gut. Er hat sogar das Essen verschm...t.
17. Die Indianer reiten durch die Pr...rie.
18. In der Handarbeitsstunde werden wir morgen etwas h...keln.
19. Der Versicherungsvertreter bekommt eine Erfolgspr...mie.
20. Diese Strecke ist sehr gef...rlich.
21. Um den Baum zu f...llen, brauchst du eine S...ge.
22. Heute war ein trauriger Tag. Sie waren bei einem Begr...bnis.
23. In der Aufbahrungshalle standen viele S...rge.
24. Heute habe ich beim Turnen eine Gr...tsche gemacht.
25. Er ist kein guter J...ger. Er trifft nie sein Ziel.
26. Auf der Baustelle stehen viele Kr...ne.
27. Unsere Nachbarn haben sich einen Sch...ferhund gekauft.
28. Wir müssen noch das Für und Wider abw...gen.
29. Haben Sie schon gew...lt ?

30. Mein Auto wurde bei dem Unfall besch...digt.
31. Ich möchte nicht, dass sie etwas davon erf...rt.
32. Die beiden sehen einander wirklich ...nlich.
33. Die K...lber stehen auf der Weide.
34. Nach der Matura will sie auf die Universit...t.
35. W...rend ich in der Badewanne lag, läutete das Telefon.
36. Bevor du das Obst essen kannst, musst du es sch...len.
37. In dieser Gruselgeschichte kommt ein D...mon vor.
38. Die Gäste bestellen sich zum Nachtisch K...se.
39. Wer ein schweres Verbrechen begeht, muss ins Gef...ngnis.
40. Sie achtet sehr auf eine bewusste Ern...rung.
41. Ich bekomme diese Zeitschrift j...rlich.
42. Der Str...fling ist schon wieder ausgebrochen.
43. Er genoss die W...rme seiner neuen Wohnung.
44. Die Situation wird langsam prek...r.
45. Die Kinder sind müde. Alle g...nen schon.
46. Sein Lächeln wurde auf einmal h...misch.
47. Hör bitte damit auf, mir st...ndig Vorwürfe zu machen !
48. Auf dem Fensterbrett sitzt ein K...fer.
49. Die Gäste kommen heuer sehr sp...rlich.
50. Der Polizist hatte eine Sch...rfe in der Stimme.
51. Europa verfügt großteils über eine einheitliche W...rung.
52. Dieser Fisch hat aber viele Gr...ten.
53. Wie kann man nur so d...mlich sein ?
54. Das Pferd, das mir mein Vater gekauft hat, hat eine lange M...ne.
55. Man kann diesen Fluss mit einer F...re überqueren.
56. Wer Tiere qu...lt, gehört bestraft !
57. Ich hatte vergessen, das zu erw...nen.
58. Er war nie ein guter T...nzer.
59. Ich werde Sie nicht mehr bel...stigen.
60. Das Becken hat eine L...nge von zwanzig Metern.
61. Sie n...t sich ein neues Kleid.
62. Am Hauptplatz gibt es schöne Gesch...fte.
63. Wo befinden sich die Sanit...ranlagen ?
64. Meine Großmutter ist schon seit Wochen bettl...gerig.
65. Das Konzert hatte nur m...ßigen Erfolg.
66. Die Ziege frisst mit Begeisterung die Gr...ser.
67. Jetzt höre schon auf mit deiner Geheimniskr...merei.
68. Der Hund hat eine F...rte aufgenommen.
69. Das kleine Mädchen ist von Geburt an gel...mt.

70. Der Traubensaft beginnt im Fass zu g...ren.
71. Nach ihrer Berechnung wird sie morgen das Kind geb...ren.
72. Sie muss noch die Einnahmen z...len.
73. Er vertritt den Kl...ger vor Gericht.
74. Ich brauche für meine Koffer einen Tr...ger.
75. In der Wildnis lebt die Hy...ne.
76. Der Koch br...t das Fleisch.
77. Die Kinder wollen nicht aufhören, ihn zu h...nseln.
78. Es trifft ihn mit aller H...rte.
79. Dir klappern ja vor lauter Angst die Z...ne.
80. Sie kann nicht damit aufhören, über andere zu l...stern.
81. Ich glaube, dieses Ger...t funktioniert nicht mehr.
82. Ich finde diesen Witz ordin...r und vulg...r.
83. Er behandelt seine Schüler sehr v...terlich.
84. Letzte Stunde hat er ein M...rchen vorgelesen.
85. Das Konzert dauert schon sehr lange. Ich werde allm...lich müde.
86. Mit dem neuen Pr...sidenten beginnt eine neue ...ra.
87. Er hat auf dem Oberarm eine T...towierung.
88. Warum bist du so unversch...mt ?
89. Sein Körper wirkt so aufgebl...t.
90. In dem Orchester waren auch einige Holzbl...ser.
91. „Guten Abend, Majest...t. Sie haben gerufen ?"
92. Sie war so aufgeregt. Sie ließ sich nicht bes...nftigen.
93. Die Schulr...te treten zur Konferenz zusammen.
94. Seit sie zugenommen hat, ist sie sehr beh...big.
95. Er wurde auf Bew...rung entlassen.
96. Sie ist schon so dick. Warum musst du sie so m...sten ?
97. Es ist unheimlich, wie sehr sie einander ...neln.
98. Ihr Kredit wird gew...rt.
99. Das Gaunerp...rchen wurde festgenommen.
100. Gegen das starke Fieber bekam sie ein Z...pfchen.
101. In Australien gibt es viele K...ngurus.
102. Dieses Gem...lde zeigt einen M...rtyrer. Er war legend...r.
103. Fred ist z..., denn er wird niemals krank.
104. Es war schwierig, das Wildpferd zu z...men.
105. Das Ehepaar gab seine Verm...lung bekannt.
106. In der Schule gab es heute lauter Z...nkereien.
107. Ich werde die W...sche aufh...ngen.
108. Pr...sens heißt auf Deutsch Gegenwart.
109. Wir haben in der G...rtnerei einige Sträucher besorgt.

e, eh oder ee ?

***MERKE**: Das lang gesprochene **e** wird einfach, als Verdoppelung **(ee)** oder mit einem **h** als Dehnung **(eh)** geschrieben.*
*Vor **l**, **m**, **n** und **r** steht bei einem lang gesprochenen **e** oft ein **h** als Dehnung.*

Setze in den folgenden Sätzen die fehlenden Buchstaben richtig ein:

1. Sie hat schon ausgetrunken. Das Glas ist l...r.
2. L...ne dich doch zurück !
3. Fred ist schon auf dem W...g.
4. Heute brauchst du deinen Schirm. Es sieht nach R...gen aus.
5. Diese Partei hat die absolute M...rheit.
6. Der kleine Gebirgsbach wird im Tal durch ein W...r gestaut.
7. In unserer Schule l...rt sie Deutsch.
8. Heute ist auf der Straße furchtbar viel Verk...r.
9. Aus der Wunde kommt ein seltsames S...kr...t.
10. Sie hat einen interessanten Kurs b...l...gt.
11. Ich habe in unserem Garten ein neues Rosenb...t angelegt.
12. Beim Qu...ren einer Straße musst du immer aufpassen.
13. Heute gab es zu Mittag Erbsenpür... .
14. Hier bleibt er immer st...en.
15. Dieser Stuhl ist wirklich sehr bequ...m.
16. Er nimmt sein Gew...r immer auf die Jagd mit.
17. Wer gestohlene Dinge weiterverkauft, ist ein H...ler.
18. Wir beobachten den Start der Rak...te.
19. Auf der Wiese grast eine Schafh...rde.
20. Ich habe vom vielen Singen eine trockene K...le.
21. Ich hätte gerne noch eine Tasse Kaff... .
22. Er dient seit Oktober beim Bundesh...r.
23. Die gute F... gibt es nur im Märchen.
24. Man darf nichts st...len.
25. Es zieht sie an wie ein Magn...t.
26. Der Überzug ist aus ganz feinem Gew...be.
27. Vor dem Turnen sollte man D...nungsübungen machen.
28. Der Weg zum Haus führt durch eine lange All... .
29. Sie hat noch nie etwas so beg...rt.

30. Ich s...ne mich nach Ruhe.
31. Er versucht, sein Vermögen um jeden Preis zu verm...ren.
32. Im Wald wachsen viele B...ren.
33. Der Hase sitzt in der Wiese und frisst Kl... .
34. Die Eltern gaben ihnen ihren S...gen.
35. Sie ist scheu wie ein R... .
36. Ich muss noch heute den Mistkübel entl...ren.
37. Würdest du mir bitte das M...l reichen ?
38. Sie haben sich bei ihrer Wanderung im N...bel verirrt.
39. Wir hatten heuer in den Winterferien viel Schn... .
40. Es ist mir eine ...re, Sie begleiten zu dürfen.
41. Er leidet seit seiner Geburt an einer S...störung.
42. Mein Bruder möchte später in die Arm... eintreten.
43. Ich finde diese Sportart extr...m gefährlich.
44. Von hier aus haben wir eine schöne Aussicht auf den S... .
45. Ich muss noch den Boden k...ren.
46. Ich möchte, dass du g...st.
47. Diese Familie hat erst seit kurzem einen Ferns...er.
48. Die beiden haben sich wirklich ang...r...gt unterhalten.
49. In Hamburg habe ich einen R...der kennengelernt.
50. Die Stürme haben ganze Landstriche verh...rt.
51. Er hat sich beim Tennis die S...ne gerissen.
52. Wir fahren heuer ans M...r.
53. Du hattest gestern wirklich eine gute Id... .
54. Glaubst du, dass Tiere auch eine S...le haben ?
55. Sie hatte ein schw...res L...ben.
56. Alles Schöne geht einmal zu ...nde.
57. Der Fußballplatz ist vom Regen ganz l...mig geworden.
58. Die Krieger w...ren sich gegen den Angriff.
59. Ich habe neben dem großen Fenster eine Spinnw...be entdeckt.
60. Er hat sich im Blumenladen drei Kakt...n gekauft.
61. Gestern habe ich einen P...likan gezeichnet.
62. Das linke P...dal meines Fahrrades ist kaputt.
63. An deiner Tasse f...lt der H...nkel.
64. Ich werde mich über Sie beschw...ren.
65. Er hält einen Sp...r in seiner Hand.
66. Sie wurde nach dem Unfall wiederbel...bt.
67. Er ver...rt sie schon seit langer Zeit.
68. Die Straße ist frisch get...rt.
69. Sie stach sich genau in die V...ne.

70. Wir haben j...de M...nge Platz.
71. Er hat den Bef...l nicht gehört.
72. Die Leute an unserem Tisch haben überhaupt kein Ben...men.
73. Es ist immer leichter zu n...men als zu g...ben.
74. In dieser Halle riecht es nach Schw...fel.
75. Nach der Fahrt holte er das S...gel ein.
76. Sei doch nicht immer so w...leidig !
77. Er wurde von diesem Duft richtig ben...belt.
78. Sie schw...bte vor Glück.
79. In der Türkei besuchten wir eine Mosch... .
80. Wir schließen sie heute in unser G...b...t ein.
81. Wenn es sehr heiß ist, trinke ich gerne Eist... .
82. In der Bücherei findet heute eine L...sung statt.
83. Die Kinder beginnen damit, die Torte zu verz...ren.
84. Jedes Jahr muss der Bauer seine Schafe sch...ren.
85. Angeblich bringt ein Schornsteinf...ger Glück.
86. Ein Haustier muss man h...gen und pfl...gen.
87. Heute wurde das ganze Land durch ein Erdb...ben erschüttert.
88. Zwischen den beiden Familien entstand eine F...de.
89. Das Monster wurde ins J...nseits befördert.
90. Zu Weihnachten gibt es bei uns immer L...bkuchen.
91. Aber noch lieber habe ich Karr...speck.
92. Mein Bruder ist ein ganz großer Str...ber.
93. Gestern hatte ich ein schönes Erl...bnis.
94. In dieser Burg soll ein Gesp...nst wohnen.
95. Diese Wurst ist besonders d...likat.
96. Früher mussten die Gefangenen auf einer Gal...re arbeiten.
97. In Tirol essen wir immer Hasch...knödel.
98. Für diese Arbeit brauche ich noch einen weiteren Beh...lf.
99. Wenn deine Tante stirbt, wirst du sie b...rben.
100. Danke. Ich habe derzeit keinen B...darf an einer neuen Einrichtung.
101. Wir haben jetzt einen Geländewagen. Einen richtigen J...p.
102. Ich denke mit W...mut an die schöne Zeit zurück.
103. Sie können uns doch nicht so einfach den Zutritt verw...ren !
104. Wir haben uns verirrt. Besser, wir machen k...rt.
105. Der alte Mann wurde heute b...rdigt.
106. Er wartete s...nsüchtig auf eine Nachricht.
107. Ich habe das Bild in einer Gal...rie gekauft.
108. Wir müssen uns b...ilen. Sonst kommen wir noch zu spät.
109. In z...n Minuten hole ich dich ab.

i, ih, ie oder ieh ?

***MERKE**: Das lang gesprochene **i** wird als **i**, **ih**, **ie** oder **ieh** geschrieben.*
*Bei allen Verben, die mit **-ieren** enden, kommt **ie**.*
*Ein lang gesprochenes **i ohne** einem **h** als Dehnung und **ohne ie** wird häufig in Fremdwörtern verwendet. Allerdings **enden** viele Fremdwörter auf **ie**.*
*Vor **l**, **m**, **n** und **r** steht sehr oft ein **h** als Dehnung nach dem Selbstlaut, wenn er **lang** gesprochen wird.*

Setze in den folgenden Sätzen die fehlenden Buchstaben richtig ein:

1. Im Stall steht das V.... und muss gefüttert werden.
2. Manchmal lesen wir im Religionsunterricht in der B....bel.
3. Wie geht es ....nen ?
4. Auf einem Kreuzfahrtsch....ff gibt es viele Rettungsr....nge.
5. Bitte brich dir beim Fallsch....rmspringen nicht das Gen....ck !
6. Gestern haben sie den Bankräuber festgenommen und das gesamte D....besgut sichergestellt.
7. Was macht ....r da ?
8. Ich hätte gerne ein K...lo Orangen.
9. Meiner Schwester tut der Kopf so weh. Ich glaube, sie hat M....gräne.
10. Das Pferd z....t den Wagen. Der St....r hingegen nicht.
11. Am Ascherm....ttwoch gibt es bei uns immer Her....ngsschmaus.
12. Gel....nde gesagt, glaube ich diese Geschichte nicht.
13. Die neue Ärztin behandelt die Pat....nten in ihrer Ord....nation.
14. Im Sommer l....fert er jeden Tag die M....lch aus.
15. Eine gute Schulausbildung ist die beste Bas....s.
16. Er liegt mit hohem F....ber im Bett.
17. Ich sehe ....n.
18. Er holt die Muscheln aus der T....fe.
19. Das Grundstück ist mit Büschen und Sträuchern eingefr....det.
20. Bevor du das Schn....tzel ins heiße Fett gibst, musst du es pan....ren.
21. Seine Malerei hat einen ganz neuen St....l angenommen.
22. Man deutet nicht mit dem F....nger auf andere Menschen !
23. In unserem Haus herrscht eine strenge H....rarchie.
24. Dieser Schmuck ist w....rklich exqu....s....t.
25. Es dauerte ziemlich lange, bis er die Regeln kap....rte.

26. Ein Satz besteht aus mehreren Satzgl....dern.
27. In seiner Kanzlei steht ein großes Kop....rgerät.
28. Seine Mutter arbeitet in einer großen F....rma.
29. Bitte lesen Sie mir die Bed....nungsanleitung vor !
30. Sie konnte vor Erschöpfung nur mehr kr....chen.
31. Die Nachbarn sehen g....rig über den Zaun.
32. Sie ist in ihn schwer verl....bt.
33. Ich glaube nicht, dass es gesch....t.
34. Das kleine Kalb ged.... prächtig.
35. Das Unternehmen steckt in einer großen Kr....se.
36. Sein Chef übt laufend Kr....t....k.
37. Im Kosovo herrschte lange Kr....g.
38. Der Lehrer hat sie beim Schummeln erw....scht.
39. Der Pr....ster hält gerade eine Messe.
40. Dieser Prozess wird anscheinend z....mlich langw....rig.
41. Das war wirklich eine schöne Darb....tung.
42. In Mathematik lernst du das Add....ren.
43. Am Beg....nn der Vorstellung waren alle sehr gespannt.
44. Wir müssen den gebrochenen Fuß eing....psen.
45. Das Schwein hört nicht auf zu qu....ken.
46. Ich bestehe nicht auf eine bestimmte Farbe. Ich bin flex....bel.
47. Ich glaube, es ist genug Benz....n im Tank.
48. Er sp....lt schon seit v....r Jahren Klav....r.
49. Mir fehlt bei der Auflösung des Falles einfach das Mot....v.
50. Ich erwarte noch heute Ihren Ber....cht.
51. Fred hat mich im Schach bes....gt.
52. Hör auf zu jub....l....ren. Du hast noch nicht gewonnen.
53. Er ist von ihr fasz....n....rt.
54. Er kauft beim Juwel....r einen sehr teuren Br....llanten.
55. Sie trägt keinen Badeanzug, sondern einen B....k....ni.
56. Er weiß bis heute nichts von seiner Ex....stenz.
57. Bis jetzt hat er nicht das Gegenteil bew....sen.
58. Sie bez....chtigt ihn des D....bstahls.
59. Wenn wir unser Z....l noch erreichen wollen, müssen wir ems....g marsch....ren.
60. Herr Ober, ich hätte gerne ein Glas B....r !
61. Ich nehme Butter, keine Margar....ne.
62. Er hat kein Geld. Er ist nicht l....qu....d.
63. Auf dieses Gerät bekommen Sie drei Jahre Garant.... .
64. Auf dem Weg liegt eine Menge K....s.

65. Du hast in diesem Monat noch keine M....te bezahlt.
66. Sie werden das große Geb....t bes....deln.
67. Du erbst eine kleine Fabr....k.
68. Deine Einstellung halte ich für z....mlich b....der.
69. Seine M....ne verhieß nichts Gutes.
70. Die Geschichte sp....lt in einer Goldm....ne.
71. Ihre Begeisterung wird allmählich zu einer Man.... .
72. Gegen die starken Sonnenstrahlen haben wir eine Mark....se.
73. Zum Zeichnen brauche ich heute ein L....neal.
74. Der Wasserstand der Donau ist z....mlich n....drig.
75. Auf deinem Marmeladebrot sitzt eine B....ne.
76. Der Herr am Bankschalter erklärt uns die D....v....dende.
77. Er kauft sich für seinen Kugelschreiber eine neue M....ne.
78. Sie musste nach dem Unfall in eine Kl....n....k gebracht werden.
79. Die Mitarbeiter trafen einander in der Kant....ne.
80. Bei ihrem Segelausflug wehte eine sanfte Br....se.
81. Das alte Haus ist wirklich renov....rungsbedürftig.
82. Die Hexe reitet auf dem Besenst...l und singt eine lustige Melod.... .
83. Wenn ich Zw....bel schneide, muss ich immer weinen.
84. Er brachte uns von seiner Reise ein Souven....r mit.
85. Im Freibad haben sie viele Umz....kab....nen.
86. Ich halte Ausschau nach der Lokomot....ve.
87. Seine Freunde standen bei der Hochzeit alle Spal....r.
88. Im Krankenhaus ist alles ster....l.
89. Leider werden schon w....der die Tar....fe erhöht.
90. Sein Auge schmerzt. Er hat sich am L....d verletzt.
91. Das Pferd hört nicht auf zu w....ern.
92. Sie leidet unter Vitam....nmangel.
93. Das Kleid ist nicht blau, sondern l....la.
94. Der alte Mann ist leider schon sen....l.
95. Die Hütte ist sehr alt und deswegen sehr pr....m....t....v eingerichtet.
96. Wir leben in einer Demokrat.... .
97. Im Theater sp....len sie heute eine Sat....re.
98. Da fehlt noch eine Pr....se Salz.
99. Wir haben unser Quart....r schon bezogen.
100. Während des Zweiten Weltkr....ges mussten Menschen fl....en.
101. Die Schlange hat das Kan....nchen schon im V....s....r.
102. Im Alpenzoo haben sie jetzt einen B....ber.
103. Der blaue Teppich liegt vor dem Kam....n.
104. Ich werde die beschädigte Ware reklam....ren.

o, oh oder oo ?

MERKE*: Das lang gesprochene* ***o*** *wird entweder einfach, als Verdoppelung* ***(oo)*** *oder mit einem h als Dehnung* ***(oh)*** *geschrieben.*
Vor ***l, m, n*** *und* ***r*** *steht sehr oft ein* ***h*** *als Dehnung nach dem Vokal, wenn er* ***lang*** *gesprochen wird.*

Setze in den folgenden Sätzen die fehlenden Buchstaben richtig ein:

1. Ich habe ein Loch in meiner Schuhs...le.
2. Die Kinder legen im Garten ein Biot...p an.
3. Ich finde diesen Witz überhaupt nicht k...misch.
4. Er hat auf dem Markt einen K...l gekauft.
5. Bevor der Preis berechnet wird, muss die Ware gew...gen werden.
6. Nach der Schule gehen manche Schüler in den H...rt.
7. In England spielen viele Menschen P...lo.
8. Wer arbeitet, bekommt dafür auch einen L...n.
9. Sie hat die S...ße scharf gewürzt.
10. Auf dem Jahrmarkt gibt es viele Luftball...ns.
11. Wasser, das Kochsalz enthält, nennt man S...le.
12. In einem Wintersp...rt...rt sind meistens auch R...dler.
13. Er sitzt im Hafen und blickt auf die M...le.
14. Um Pferde macht sie immer einen gr...ßen B...gen.
15. Der verletzte Fuß braucht dringend Sch...nung.
16. Die Ben...tung der Schularbeit war ziemlich streng.
17. Ihre Katze braucht immer Liebk...sungen.
18. Das Publikum hat für das neue Theaterstück nur Sp...tt und H...n übrig.
19. Mittlerweile kann die Wissenschaft schon Tiere kl...nen.
20. Albert Einstein war schon immer sein Id...l.
21. Sie steht vor dem T...r und wartet auf ihre Freundin.
22. Ich fürchte mich nicht vor dem T...d.
23. Das wertvolle Bild wurde gest...len.
24. Sie sind in eine andere Stadt gez...gen.
25. Der Keller ist von der Feuchtigkeit ganz m...drig gew...rden.
26. Fred versucht, jedes Mal beim Spielen zu m...geln.
27. Wir heizen im Winter immer mit K...le.
28. Die Betrunkenen beginnen furchtbar laut zu j...len.
29. Sie müssen bei der Aussprache auf die richtige Bet...nung achten.

30. In Frankreich gab es im 18. Jahrhundert eine große Rev...lution.
31. Wir haben uns am Attersee ein B...t ausgeb...rgt.
32. In diesem Waldstück findest du besonders viel M...s.
33. Wo werdet ihr w...nen?
34. Im Winter ist der See immer zugefr...ren.
35. Ich habe unserem Hund ein Fl...band gekauft.
36. Diese R...se hat besonders viele D...rnen.
37. In diesem K...rb befindet sich Br...t.
38. Heute haben wir Vollm...nd.
39. Sie fiel vor Schreck fast in ...nmacht.
40. Du bist so empfindlich wie eine Mim...se.
41. Für diese Leistung gebührt Ihnen ein B...nus.
42. Diese Stille hier ist wirklich eine W...ltat.
43. Wir gehen mit den Kindern fast jedes Wochenende in den Z... .
44. Die beiden verstehen sich auch ...ne W...rte.
45. Sie sind mit einem Flugzeug in den Urlaub gefl...gen.
46. Der M...t...r meines Autos wurde repariert.
47. Die männliche Biene wird Dr...ne genannt.
48. Ich fürchte, das war keine leere Dr...ung.
49. Es hat sich alles in W...lgefallen aufgelöst.
50. Unser neuer Chef ist sehr d...minant.
51. Er kennt wirklich kein Pard...n.
52. Wir essen niemals r...es Fleisch.
53. Ich hätte gerne als Beilage Erbsen und B...nen.
54. Heute gibt es nur Fisch aus der D...se.
55. Ich wurde in Österreich geb...ren.
56. Holst du mir bitte die Flasche von der Kons...le !
57. Der Arzt musste mir in den Zahn b...ren.
58. Die Leitungen sind kaputt. Wir brauchen neue R...re.
59. Die Schauspielerin nimmt eine P...se ein.
60. Er verfügt über sehr viel Fr...sinn.
61. Möchtest du gerne eine Mel...ne ?
62. Ich habe meine Geldtasche verl...ren.
63. Wir machen auf der Pr...menade einen Spaziergang.
64. Ich war in Schottland in einem M...r.
65. Auf der Veranstaltung habe ich ein paar L...se gekauft.
66. Mein rechtes ...r tut mir weh.
67. Diese Geschichte ist vollkommen erl...gen.
68. Dieses H...telzimmer ist mit jeglichem Komf...rt ausgestattet.
69. Immer machst du Witze. Du bist ein kleiner K...bold.

70. Für diesen Strudel brauchen wir M...n.
71. Wir drei teilen uns eine W...nung.
72. Im Advent esse ich gerne heiße Mar...ni.
73. Mein neues Kleid ist r...sa.
74. Für sein braves F...lgen bekommt der Hund eine Bel...nung.
75. Ich h...le meine Mutter vom Bahnhof ab.
76. Nach langem Überlegen hat er sie zur Siegerin auserk...ren.
77. Diese Ermäßigung gibt es nur für Seni...ren.
78. Der Sänger singt gerade ein S...l... .
79. Er behandelt uns immer mit großer R...heit.
80. Dieses L...kal wurde uns empf...len.
81. Ich suche meinen S...n.
82. Auf meiner letzten Reise sah ich eine Königsk...bra.
83. Vor der Operation bekam sie eine Nark...se.
84. Der Baumstamm war ganz h...l.
85. Ich bin wegen des Unfalls wirklich in S...rge.
86. Das Schicksal ist mir heute h...ld.
87. Meine Freundin stellt mich immer auf die Pr...be.
88. Das Telef...n wurde mit einem C...de versehen.
89. Die beiden führen schon seit drei Stunden einen Dial...g.
90. Unser ganzes Essen ist verd...rben.
91. Der Mann ist kein Chinese, sondern Mong...le.
92. Er ist kein Prinz, sondern nur Bar...n.
93. Er möchte trotzdem mit „H...eit" angesprochen werden.
94. In diesem Geschäft nehmen sie auch Essensb...ns.
95. Ich halte dieses Zeichen für ein gutes ...men.
96. Ich lese jeden Tag mein Hor...sk...p.
97. Das Wasser muss br...deln, bev...r du das Salz hineingibst.
98. Ich mag unseren neuen Lehrer. Er ist wirklich c...l.
99. Es ist so heiß hier. Ich schwitze aus jeder P...re.
100. Dieses Geschenk hast du dir w...l verdient.
101. Wenn einer nur alleine spricht, nennt man das Mon...l...g.
102. Meine neue Kamera ist mit einem Z...m ausgestattet.
103. Öl ist ein ganz wichtiger R...stoff.
104. Mein ganzer Schmuck liegt im Tres...r.
105. In unserem Garten haben wir viele K...lmeisen.
106. Im Stall gibt es ein neues F...len.
107. Der Kn...ten lässt sich nicht mehr lösen.
108. Dein Essen ist noch im Mikr...wellenherd.
109. Er treibt die Arbeiter sch...nungslos an.

ö oder öh ?

MERKE: *Das lang gesprochene* ***ö*** *wird entweder einfach oder mit einem* ***h*** *als Dehnung* ***(öh)*** *geschrieben.*
Vor ***l, m, n*** *und* ***r*** *steht sehr oft ein* ***h*** *als Dehnung nach dem Selbstlaut, wenn er* ***lang*** *gesprochen wird.*

Setze in den folgenden Sätzen die fehlenden Buchstaben richtig ein:

1. Die Bären überwintern in einer H...le.
2. Dieses Jahr erhalten wir vom Staat eine F...rderung.
3. Für jedes Problem gibt es eine L...sung.
4. Bei seinem Geburtstag floss der Saft in Str...men.
5. Also das ist jetzt wirklich die Kr...nung.
6. Sie versuchte leider vergebens, ihn zu bet...ren.
7. Er arbeitet in New York an der B...rse.
8. Bei dem Konzert sangen verschiedene Ch...re.
9. Er lebt ganz zurückgezogen wie ein M...nch.
10. Für den betrunkenen Jugendlichen endete der Unfall t...dlich.
11. Alle katholischen Geistlichen leben im Z...libat.
12. Plötzlich erfasste ihn eine Windb...e und er fiel um.
13. Unser Hund hat keine Fl...e.
14. Am Ende des Monats bekommen die Arbeiter ihre L...ne.
15. Ich stand am Balkon und bewunderte die Morgenr...te.
16. Ihr benehmt euch wie ungezogener P...bel.
17. Wenn es zu kalt wird, beginnt sie immer zu fr...steln.
18. Wir haben nicht viele Pilze gefunden. Nur ein paar R...rlinge.
19. Sie möchte noch gerne länger in der Sonne d...sen.
20. In unserem Garten steht eine sch...ne F...re.
21. In Geschichte nehmen wir gerade die R...mer durch.
22. Er war immer ein gerechter K...nig.
23. Der M...rder wurde zu einer langen Haftstrafe verurteilt.
24. Das Klavier gibt nur stumpfe T...ne von sich.
25. Er beginnt, einem leichten Leben zu fr...nen.
26. Sie ist immer gut gelaunt und fr...lich.
27. Er wird sich schon an die neue Umgebung gew...nen.
28. Wir mussten für die Wohnung eine hohe Abl...se bezahlen.
29. Er hat ein großes Verm...gen geerbt.

30. Meine Haut ist von dem Sonnenschutzmittel ganz ...lig.
31. Nach langem Leiden fand sie endlich die Erl...sung.
32. Um die Haare zu trocknen, brauchst du einen F...n.
33. Der F...rster kümmert sich um sein Revier.
34. Sie zitterte vor Angst am ganzen K...rper.
35. Die Stadt liegt weiter n...rdlich, als ich dachte.
36. Im Urlaub machte ich einen T...pferkurs.
37. Wer diesen Unsinn glaubt, ist ziemlich t...richt.
38. Der Tunnel besteht nur aus einer schmalen R...re.
39. Ich hoffe, die beiden werden sich nach diesem Streit wieder vers...nen.
40. Wir sind einer Verschw...rung zum Opfer gefallen.
41. Sie dürfen mir die Kinder nicht so verw...nen.
42. Die Beh...rde schickte ihm eine Vorladung.
43. Leider hat sie H...enangst.
44. Meine Schwester spielt sehr gut Fl...te.
45. Das Essen war einfach k...stlich.
46. Das Gestein wurde mit den Jahren ziemlich por...s.
47. Ich muss noch die V...gel füttern.
48. Wenn er betrunken ist, beginnt er immer zu gr...len.
49. Der Anorak hat viele ...sen.
50. Es ist gemein, behinderte Menschen zu verh...nen.
51. Sie räumen schon die M...bel in die neue Wohnung.
52. Für die T...tung erhielt er eine langjährige Haftstrafe.
53. Sie ist wirklich wundersch...n.
54. Der Verletzte st...nte auf vor Schmerz.
55. Das hier ist kein lieber Hund, sondern ein schlimmer K...ter.
56. Du musst dich endlich von diesem Gedanken l...sen.
57. Heute Abend werden wir Kastanien r...sten.
58. Andere V...lker, andere Sitten.
59. Für die Panier brauchst du auch Br...sel.
60. Der Hase knabbert an einer M...re.
61. Der Hirsch beginnt zu r...ren.
62. Die Begrüßung war nicht herzlich, sondern spr...de.
63. Der Wein wird in einem großen Gew...lbe gelagert.
64. Ich habe schon alles durchst...bert, finde aber mein Buch nicht.
65. Die Musik ist viel zu laut. Alles dr...nt.
66. Dein Fleiß ist wirklich l...blich.
67. Meine Banknachbarin ist krank. Sie hat die R...teln.
68. Ist dieser Kaffee l...slich ?
69. Wir machten eine Wanderung durch den B...merwald.

70. Auf dem Weg zum Gartentor sitzt eine Kr...te.
71. Die Verbindung ist so schlecht. Ich kann dich nicht h...ren.
72. Unsere Reise führte uns auch nach B...men.
73. Der Zutritt ist nur für Angeh...rige erlaubt.
74. Wir müssen uns noch um die Verk...stigung der Gäste kümmern.
75. Dieser Mann schaut uns immer so b...se an.
76. Das kleine Reh hat sich im Geh...lz verletzt.
77. Wir werden versuchen, das Leck zu l...ten.
78. Ich sah W...lfe in freier Wildbahn.
79. Die Schafe begannen, furchtbar zu bl...ken.
80. Wir haben vier S...ne.
81. Zum Fischen brauchst du einen guten K...der.
82. Bevor du redest, verschaffe dir einmal Geh...r !
83. Der L...we lässt sich die Sonne auf den Bauch scheinen.
84. Ich habe vergessen, die Badewanne zuzust...pseln.
85. Ich bin gestern über zwei Wäschek...rbe gestolpert.
86. Bitte entschuldigen Sie die St...rung !
87. Das war nicht sehr h...flich, was du da zu Fred gesagt hast.
88. Ich glaube, sie wird dich m...gen.
89. Er nahm ihr Angebot nur sehr z...gerlich an.
90. Passt ein Kamel durch das Nadel...r ?
91. Der Verbrecher befindet sich gerade im Verh...r.
92. Ich werde noch etwas in meinem neuen Buch schm...kern.
93. Wir haben den alten Kasten bei einem Tr...dler gefunden.
94. Es war leider nicht m...glich, noch eine Karte zu bekommen.
95. „Herr Ober, hat dieser Kaffee überhaupt ein B...nchen gesehen ?“
96. Der Mann versucht, das wertlose Stück teuer zu verh...kern.
97. Auf der Baustelle war heute zu wenig M...rtel.
98. Immer macht er sich erb...tig, mir zu helfen.
99. Sie ernährt sich nur von Gemüse und K...rnern.
100. In diesem Internat haben sie hundert Z...glinge.
101. Ich finde seine Figur etwas unf...rmig.
102. Im Moment befindet sie sich in tausend N...ten.
103. Der Apotheker bereitet mit dem M...rser eine spezielle Medizin zu.
104. Heute ist es ziemlich bew...lkt.
105. Die Bahn ist mit lautem Get...se vorbeigefahren.
106. Ich habe noch nie so viel Bl...dsinn geh...rt.
107. Die Schützen spannen ihre B...gen.
108. Die Schweine drängen sich an den Tr...gen.
109. Du bist wirklich eine freche G...re.

u oder uh ?

MERKE: *Das lang gesprochene **u** wird einfach oder mit einem **h** als Dehnung **(uh)** geschrieben.*
*Vor **l**, **m**, **n** und **r** steht bei einem lang gesprochenen **u** oft ein **h** als Dehnung.*

Setze in den folgenden Sätzen die fehlenden Buchstaben richtig ein:

1. Der Taxifahrer hat heute nur mehr eine F...r.
2. Die beiden sollen aufhören, um ihre Freundschaft zu b...len.
3. Ich denke, Ihre ...r geht falsch.
4. Dieses Gerät ist dazu da, um die Loipe zu sp...ren.
5. Die Tiere sind krank. Sie haben die R...r.
6. Die Einf...r dieser Medikamente ist nicht erlaubt.
7. Die Flüchtlinge verstecken sich im B...nker.
8. Man erreicht die einsame Hütte nur über F...nk.
9. Dieser Herr ist ein besonders g...ter K...nde.
10. Ich glaube, ich übernehme jetzt das R...der.
11. Ich möchte einfach nur meine R...e.
12. Die letzte Wanderung war die reinste Tort...r.
13. Er braucht dringend eine Ras...r.
14. Das H...n ist schon im Kochtopf.
15. Wie heißt die Hauptstadt von B...lgarien ?
16. Was ist los mit dir ? Du bist ja ganz aus den F...gen.
17. Ich interessiere mich sehr für K...nst.
18. Sein schlechter R...f eilt ihm schon voraus.
19. Bis jetzt blieb alles r...ig.
20. Sie erteilte ihm eine Abf...r.
21. Die Kinder brauchen dringend neue Sch...e.
22. Die Geisterbahn ist wirklich gr...selig.
23. Alles, was er will, ist R...m und Reicht...m.
24. Es ist ziemlich schwierig, einen B...merang zu werfen.
25. Sie hat große F...rcht vor Spinnen.
26. Nächstes Jahr belege ich einen K...rs in Italienisch.
27. Der Krampus hat immer eine R...te dabei.
28. Sie hatte eine schwere Geb...rt.
29. Es war schrecklich, alles war voll von Bl...t.

30. Sie besucht jetzt die Abendsch...le.
31. Die Wildschweine s...len sich im Dreck.
32. Nach seiner schweren Krankheit ist er jetzt auf K...r.
33. Ich hätte gerne einen B...nd Petersilie.
34. Das Pferd verlor beim Ausritt ein H...feisen.
35. Eine Kreuzung zwischen Pferd und Esel nennt man M...li.
36. Sie fuhren mit dem Boot bis zu einer Lag...ne.
37. Wie lautet Ihr Z...name ?
38. Diese Entscheidung erforderte ziemlich viel M...t.
39. Wölfe leben meist in einem R...del.
40. Er hat seinen Schw...r gebrochen und den R...bin verkauft.
41. Die Jäger verfolgen schon lange eine Sp...r.
42. Diese Tr...e ist alt und sehr wertvoll.
43. Die alte B...rg ist schon halb verfallen.
44. Sie bedankte sich h...ldvoll für die Bl...men.
45. In der Pyramide wurde eine M...mie entdeckt.
46. Vorsicht ! Im Ofen ist noch gen...g Gl...t.
47. Am Morgen hörte Fred ein lautes M...en.
48. Ich kann die Sp...le nicht finden.
49. Die Mure hat einen ganzen Ort verwüstet. Es gab großen Aufr...r.
50. H...rtig rannte er der Straßenbahn nach.
51. Ich werde dieses schlechte Benehmen nicht länger d...lden.
52. Die Behandlung dieser Menschen ist wirklich nicht h...man.
53. Wir kamen zu spät und haben dadurch den Z...g verpasst.
54. Jeder Dichter braucht eine M...se.
55. Er schäumt vor W...t.
56. Wir essen zu Weihnachten immer Tr...thahn.
57. Im Herbst versprühen die Bauern D...ng auf ihren Feldern.
58. Ich habe mir heute einen H...t und eine Bl...se gekauft.
59. In Italien esse ich am liebsten N...deln und P...te.
60. Er wurde wegen Betr...ges verhaftet.
61. Ich trinke meinen Apfelsaft lieber p...r.
62. Sie braucht eine Schn...r zum Festbinden.
63. Wir interessieren uns sehr für K...lt...r.
64. Er mag weder Bier noch R...m.
65. Sie hat Ausschlag und deshalb lauter P...steln im Gesicht.
66. Auf der Wiese steht eine große K... .
67. In diesem Schloss soll es sp...ken.
68. Ich möchte diese Angelegenheit auf sich ber...en lassen.
69. Wir hatten keine Sicht. Es lag eine D...nstglocke über der Stadt.

ü oder üh ?

***MERKE**: Das lang gesprochene **ü** wird einfach oder mit einem **h** als Dehnung (**üh**) geschrieben.*
*Vor **l**, **m**, **n** und **r** steht bei einem lang gesprochenen **ü** oft ein **h** als Dehnung.*

Setze in den folgenden Sätzen die fehlenden Buchstaben richtig ein:

1. Für einen Anruf ist es noch zu fr... .
2. Er geht jeden Tag um acht Uhr ins B...ro.
3. Ich will nicht, dass du diesen Streit auch noch sch...rst.
4. Sie möchte noch etwas Benzin in den Tank f...llen.
5. Die Stimmung war heute wirklich bedr...ckend.
6. Es gab ein Glas Wein zur Begr...ßung.
7. Ich kann Ihnen dieses Problem gut nachf...len.
8. Ihre G...te ist bewundernswert.
9. Ich hatte Angst, die Schlange im Zirkus zu ber...ren.
10. Er sucht verzweifelt nach einer Begr...ndung.
11. Nach dem großen Streit haben sie sich wieder verbr...dert.
12. Bei der Stadtbesichtigung hatten wir einen Fremdenf...rer.
13. Um gut Klavier spielen zu können, musst du noch viel ...ben.
14. Mein Hund beißt nicht. Er ist gutm...tig.
15. Das Wetter ist unerträglich. Es ist heiß und schw...l.
16. Auf Gran Canaria haben wir viele Sandd...nen gesehen.
17. Seine Familie ist ziemlich reich. Sie ist beg...tert.
18. Es ist ein schönes Gef...l, nach Hause zu kommen.
19. Der Verbrecher hat versucht, die Frau zu erw...rgen.
20. Er muss an das andere Ufer und schwimmt daher hin...ber.
21. Der Dieb hatte dem Pfarrer viele S...nden zu beichten.
22. Bevor der Kuchen ins Rohr kommt, musst du die Zutaten verr...ren.
23. Sein Vater ist der B...rge für den hohen Kredit.
24. Bitte, machen Sie sich nicht so viel M...e !
25. Ich fürchte, wir werden uns diesem Urteil f...gen müssen.
26. Sp...ren Sie nicht diese Ersch...tterung ?
27. In diesem Buch geht es um Schuld und S...ne.
28. Jetzt wird gleich die Schönheitskönigin gek...rt.
29. Für diese Tat wird er b...ßen.

30. Der Mann ist nicht mehr jung, sondern alt und w...rdig.
31. Bevor du den Tee trinkst, musst du ihn noch s...ßen.
32. Ich kann es nicht leiden, wenn Kr...mel auf dem Sofa liegen.
33. Dieses Hemd gehört geb...gelt.
34. Unsere Bef...rchtungen haben sich leider bestätigt.
35. In einer der Lagerhallen ist die Bel...ftung ausgefallen.
36. Der Schäferhund muss die Schafe h...ten.
37. Der Wein wird in einem Eisk...bel gebracht.
38. Im Sommer trägt meine Oma immer ihre Strohh...te.
39. Der lange Weg auf den Berg wird langsam m...sam.
40. Das, was er erzählt, ist nicht die Wahrheit, sondern eine L...ge.
41. Ihr Gesicht begann vor Aufregung zu gl...en.
42. Diese Schauspielerin ist wirklich eine Ber...mtheit.
43. Der andere Angestellte bekommt alle Beg...nstigungen.
44. Er hat sich mit kochendem Wasser verbr...t.
45. Die Firma bekommt eine neue F...rung.
46. Das Haus wirkt innen ziemlich d...ster.
47. Ich habe die H...lse meiner Feder verloren.
48. Sämtliche Z...ge haben heute Verspätung.
49. Bei unserem Treffen war er unhöflich, fast r...de.
50. Der B...rgermeister wird das Projekt bef...rworten.
51. Das Huhn will nicht aufhören zu br...ten.
52. In unserer Toilette ist die Sp...lung kaputt.
53. Bitte, beugen Sie sich nicht zu weit über die Br...stung !
54. Der Sch...ler besteht seine Pr...fung.
55. Das Eis befindet sich im K...lschrank.
56. Wir hatten bei der Wanderung nicht die nötige Ausr...stung mit.
57. Er ist bei diesem Kauf auf einen Betr...ger hereingefallen.
58. Diese Pflanze hat besonders schöne Bl...ten.
59. Man sollte ihre Blätter mit kalkfreiem Wasser bespr...en.
60. Auf die richtige D...ngung kommt es an.
61. Ich möchte heute zum Fr...st...ck ein R...rei.
62. Ich werde Ihnen nat...rlich helfen.
63. Der ausgesetzte Hund hat Angst vor jeder Ber...rung.
64. Im nächsten Urlaub möchte ich in den S...den.
65. Dieses Mal hatte Fred noch Gl...ck.
66. Sie kann seine Ablehnung sp...ren.
67. Ich mag sie nicht. Sie ist sensationsl...stern und hat keine W...rde.
68. Mit Best...rzung haben wir von dem Unfall gehört.
68. Ich finde, er ist immer doppelz...ngig.

TEIL II: DIE DOPPELKONSONANTEN

f, ff oder fff ?

***MERKE**: Nach einem langen Vokal kommt das einfache **f**. Ebenso nach ai, au, äu, eu, ei und ie. Die Verdoppelung (ff) kommt **nur** nach einem kurz gesprochenen Vokal, jedoch kann **auch** nach einem kurz gesprochenen Vokal nur ein einfaches f kommen. Nach einem einfachen Mitlaut (z. B. b, l, m, t, ...) steht allerdings nie ein ff.*

Wenn ein Wort mit einer Verdoppelung endet und mit einem Wort, das mit f beginnt, zusammengesetzt wird, wird es mit einer Verdreifachung (fff) geschrieben.

Setze in den folgenden Sätzen die fehlenden Buchstaben richtig ein:

1. Bei der letzten Auto....ahrt habe ich den Auspu.... verloren.
2. Unser Haus steht für Freunde immer o....en.
3. Ich glaube, er geht zum Angri.... über.
4. Ich werde jetzt meinem Hund pfei....en.
5. Der Mann hat die Frau im A....ekt erschlagen.
6. Die beiden sehen einander in letzter Zeit ziemlich häu....ig.
7. Die au....brausenden Buben hören nicht auf zu rau....en.
8. Für diese Handlung brauchst du aber einen tri....tigen Grund.
9. Der Papagei hat ein buntes Ge....ieder.
10. Am Meer habe ich immer Lust auf eine Schi....ahrt.
11. Ich ho....e, dass Sie sich bei uns wohl....ühlen werden.
12. An diesen Salat gehört noch Salz und Pfe....er.
13. Alle A....en essen gerne Bananen.
14. Bitte höre auf, diese Zigarre zu pa....en.
15. In diesem Film gibt es hau....enweise Speziale....ekte.
16. Musst du immer gleich nach den Sternen grei....en ?
17. Der König kam mit seinem gesamten Ge....olge.
18. Wir hatten Angst mit dem Boot abzudri....ten.
19. Gehen Sie bitte weiter ! Hier gibt es nichts zu ga....en.
20. Nach dem Überfall hatte sie nur mehr ein paar Sto....etzen am Körper.
21. Die verlorene Tasche blieb leider unau....indbar.
22. Plötzlich ertönte ein lauter Pfi.... im Bü....elgehege.
23. Die Gira....e hat einen furchtbar langen Hals.
24. Ich kann es nicht leiden, wenn du zu kei....en beginnst.

25. Der Sohn meiner Schwester ist mein Ne....e.
26. Wer hat sich diesen teu....lischen Plan ausgedacht ?
27. Er ist damit beschä....tigt, sein Vermögen anzuhäu....en.
28. Bei schlechter Laune beginnt sie immer herumzumu....eln.
29. In diesem Raum muss man dringend lü....ten.
30. Ho....entlich kann ich auch beim Scha....ner eine Karte kau....en.
31. Den ganzen Abend ließ er seinen Blick umherschwei....en.
32. Morgen ist das wichtige Tre....en.
33. Möchtest du Tee oder lieber Ka....ee ?
34. Es kommt immer auf die richtige Berei....ung an.
35. Sie war vor lauter Erschöp....ung ganz schla.... .
36. Die Feinde sind alle bewa....net.
37. Wenn dir kalt ist, stecke deine Hände in den Mu.... .
38. Für die nächste Schularbeit müssen wir noch bü....eln.
39. Bei meinem Sturz fiel ich auf die Hü....te.
40. Mein Vater arbeitet in einer Zellsto....abrik direkt im Ha....en.
41. Letzte Woche habe ich mir einen Ma....iafilm angesehen.
42. Für dieses Gericht brauchen wir unbedingt Karto....eln.
43. Die neue Ware ist bereits eingetro....en.
44. Plötzlich wurde sie von großer Schwermut ergri....en.
45. Ich bekam zum Geburtstag eine du....tende Sei....e.
46. Du musst den Ball weiter ins Spiel....eld wer....en.
47. Ich bin müde und lege mich auf das So....a.
48. Die Sticksto....lasche wird aus Stahl ange....ertigt.
49. Fred ist mit großem Ei....er bei der Sache.
50. Er hatte am Bein eine kla....ende Wunde.
51. Ihr Lächeln war sehr sü....isant.
52. Er bekam vor Aufregung fast keine Lu....t.
53. Dieser Obstkuchen ist heute besonders sa....tig.
54. Dieses Bild ist keinen Pfi....erling mehr wert.
55. Bei diesem Spiel muss man dauernd wür....eln.
56. Die kleine Tochter meiner Freundin ließen sie gestern tau....en.
57. Meine Mutter findet Mo....as sehr gefährlich.
58. Für diesen Kuchen verwendet man He....e.
59. Die Prü....ung war nicht schwer.
60. Sie ließ sich gestern ihr Gesicht li....ten.
61. Ist in der Kara....e noch Wein ? Er ist wirklich sü....ig.
62. Möchten Sie zu Ihrem Eis auch eine Wa....el ?
63. Hier sieht es aus wie auf einem Schlacht....eld.
64. Er behauptet schon wieder, ein U....o gesehen zu haben.

65. Meine Ko...er befinden sich noch immer am Bahnho.... .
66. Er ist wirklich kein hö....licher Mensch.
67. Die Luft ist nicht sticksto....rei.
68. Alle sagen, Fred sei ein pfi....iges Kerlchen.
69. Der Lehrer schreibt etwas auf die Ta....el.
70. Ich muss an das andere U....er.
71. Die Wassersto....lamme ist sehr heiß.
72. Er fiel vom Regen in die Trau....e.
73. Der Arzt überprü....te ihre Re....lexe.
74. Sie schulden mir noch die Di....erenz von letzter Woche.
75. Ihr dür...t diese Pilze nicht essen. Sie sind gi....tig.
76. In unserem Urlaub sind wir bei einem gefährlichen Ri.... getaucht.
77. Meine Rodel hat ganz schar....e Ku....en.
78. Sein Gri.... war stahlhart.
79. Wir haben den Au....trag nicht bekommen.
80. Zu einem Besteck gehört auch ein Lö....el.
81. Sie hat für diesen Posten noch nicht die nötige Rei....e.
82. Er ist gerade in A....rika auf Urlaub. Ich glaube, er wollte dort eine Sa....ari machen.
83. „Ich glaube, du bist vollkommen beso....en."
84. Sie werden den abgebrannten Wald mit Kie....ern wieder au....orsten.
85. Ich fürchte, die Ö....nung ist zu klein.
86. Hat er auf den Angri.... de....ensiv oder o....ensiv reagiert ?
87. Seine Nase hörte nicht mehr auf zu trie....en.
88. Ich höre das Auto die Au....ahrt heraufkommen.
89. Wir werden es schon scha....en.
90. Die Skulptur bekommt gerade ihren letzten Schli.... .
91. Die Kinder hätten gerne ein Glas Sa....t.
92. Man sagt, er sei ein ein....ältiger Mensch.
93. Er sitzt seit vier Jahren in Ha....t.
94. Der Räuber hält eine Wa....e in seiner Hand.
95. Zur Lösung des Rätsels fehlt mir noch ein Begri.... .
96. Das Bu....et wurde soeben erö....net.
97. Ich bin gerade dabei, die Sto....arbe für mein Kleid auszusuchen.
98. Ich finde den Schweinsbraten zu de....tig.
99. Der Anwalt spricht mit den beiden Schö....en.
100. Sie drehen von dieser Serie eine weitere Sta....el.
101. Ich finde diese Erklärung etwas dür....tig.
102. Die beiden hatten zur Jahrtausendwende eine A....äre.

l, ll oder lll ?

MERKE: *Nach einem langen Vokal kommt das einfache **l**. Ebenso nach ai, au, äu, eu, ei und ie. Die Verdoppelung **(ll)** kommt* ***nur*** *nach einem kurz gesprochenen Vokal, jedoch kann* ***auch*** *nach einem kurz gesprochenen Vokal nur ein einfaches **l** kommen. Nach einem einfachen Mitlaut (z. B. n, f, r, s,...) steht allerdings nie ein **ll**.*
*Wenn ein Wort mit einer Verdoppelung endet und mit einem Wort, das mit **l** beginnt, zusammengesetzt wird, dann wird es mit einer Verdreifachung **(lll)** geschrieben.*

Setze in den folgenden Sätzen die fehlenden Buchstaben richtig ein:

1. A....e Kinder freuen sich schon auf Weihnachten.
2. Ich brauche beim Lesen immer eine Bri....e.
3. Mir gehen deine Geschichten a....mählich auf die Nerven.
4. Nach dem fetten Essen bekam ich Probleme mit meiner Ga....e.
5. Über dem Teich fliegt eine Libe....e.
6. Mir geht das ein wenig zu schne.... .
7. Wenn das Baby schreit, gibst du ihm seinen Schnu....er.
8. Er rückte ihr immer mehr auf die Pe....e.
9. Heute gibt es Gese....chtes zum Essen.
10. Ich liebe die Oper und auch das Ba....ett.
11. Bitte, lass mich nicht a....ein !
12. Heute habe ich sehr bi....ig eingekauft.
13. Aus einem kurzen Besuch wurde eine regelrechte Be....agerung.
14. Mir ist heute nicht nach Gese....schaft.
15. Ich finde die heutige Zeit ziemlich schne....ebig.
16. Sauerstoff ist ein chemisches E....ement.
17. Würdest du bitte den Mü.... hinaustragen !
18. Ein Jäger nennt das männliche Wildschwein Kei....er.
19. Wenn es so weitergeht, müssen wir das Werk bald sti....egen.
20. Ein kaputter Ko....ben hat den Motorschaden verursacht.
21. Im Garten zirpen die Gri....en.
22. Bei jedem Sprung muss man vorher den Fa....schirm kontro....ieren.
23. Der A....tag sieht meistens ganz anders aus.
24. Würdest du bitte den Ke....ner rufen !
25. Heute findet in der Sportha....e ein Popkonzert statt.

26. Diese Tafel ist aus Meta...., nicht aus Kunststoff.
27. Jetzt sei doch endlich sti.... !
28. Das Ende der Geise....nahme verlief unblutig.
29. Tränen der Verzweiflung ku....erten über ihre Wangen.
30. Beim Italiener esse ich immer Nude....n.
31. Die Menschen so....ten sich se....ber helfen.
32. Seine tröstenden Worte waren Ba....sam für ihre Seele.
33. Während der ganzen Besprechung wurde Protoko.... geführt.
34. Ich kann die Beste....iste leider nicht finden.
35. Dieses Gemä....de zeigt ein altes Kloster.
36. Das neue Stück hatte großen Erfo....g.
37. Die Hand....ung war wirklich sensatione.... .
38. Auf der Bauste....e mussten wir heute dübe....n.
39. Wer viel Bewegung macht, benötigt mehr Ka....zium.
40. Immer muss es nach seinem Wi....en gehen.
41. Bei seinem Konzert erntete er viel Beifa.... .
42. Er singt Lieder für den Hei....and.
43. Sie ist nicht nur hübsch, sondern auch sehr inte....igent.
44. Du musst hier eine Nu.... vorwählen.
45. Er hat hier eine Meta....egierung verwendet.
46. Im Wasser schwimmen viele rote Qua....en.
47. Was auf den Te....er kommt, wird auch gegessen.
48. Sie holen den Gefangenen aus der Ze....e.
49. Ich bin heute sehr in Ei....e.
50. Die gewünschten Zahlen sind auf der Tabe....e ersichtlich.
51. Ich kann das Gleichgewicht nicht mehr ha....ten.
52. Darf ich dich nochma...s mit meinem Prob....em behe....igen ?
53. Auf dem Schiff gibt es viele Bu....augen.
54. Ich würde gerne einen Ka....ender baste....n.
55. Hör sofort auf, hier herumzuba....ern !
56. In der neuen Firma bek....eidet er eine höhere Ste....ung.
57. Sie hat wegen der Anstrengung einen Kreislaufko....aps erlitten.
58. Wir haben noch kein geeignetes Ba....okal gefunden.
59. Togo war einmal eine Ko....onie.
60. Der Hund hört nicht auf zu be....en.
61. Die Hochzeit fand in einer kleinen Kape....e statt.
62. Ich würde gerne einen neuen Pu....over stricken.
63. Das Glas ist noch vo.... .
64. Sie zeigen im Fernsehen dauernd Wiederho....ungen.
65. Es ist nicht leicht, das ganze Vermögen zu verwa....ten.

66. Die Begleichung der Rechnung ist morgen fä....ig.
67. Ich mag keine dünnen Männer, mo....ige sind mir lieber.
68. Ich habe Angst, in die Tiefe zu fa....en.
69. Die Gesta....tung des Raumes sagt mir gar nicht zu.
70. Seit sie krank ist, muss sie viele Pi....en schlucken.
71. Sie verwendet zum Putzen immer einen Wo....appen.
72. Er hat sich im Urlaub mit Cho....era angesteckt.
73. Ich habe mich am E....enbogen verletzt.
74. Der Artist schlägt einen Sa....to vorwärts.
75. Und anschließend gleich eine Ro....e rückwärts.
76. Haben Sie noch mehr Kleider in Ihrer Ko....ektion ?
77. Sie gewann eine Medai....e im Eischne....auf.
78. Wenn mir schlecht ist, dann trinke ich Kami....entee.
79. Sein Ruf verha....t ungehört.
80. Sie hat sich einen Scha.... um ihren Ha....s gewickelt.
81. Mein Hund hat ein schwarzes Fe.... .
82. Das Opfer wurde mit einem Bei.... erschlagen.
83. Ko....umbus hat Amerika entdeckt.
84. Auf dem Jahrmarkt gab es ein Karusse.... .
85. Ich bin für eine Nu....ösung.
86. Der Käfer hat sich in einer Ri....e versteckt.
87. Heute erzeugte der Wind auf dem See viele We....en.
88. In einer Stunde werden wir das Flussde....ta erreicht haben.
89. Ich will keinen Dackel, sondern eine Bu....dogge.
90. Für dieses Gespräch auf Englisch brauchen wir einen Do....metsch.
91. Nach der Matura besuche ich ein Ko....eg.
92. Im Fernsehen läuft gerade ein Fußba....änderspiel.
93. In diesem Kurs werden die Schüler schön gedri....t.
94. Ich hole die Getränke aus dem Ke....er.
95. Für diese Jacke brauche ich viel Wo....e.
96. Er hat in einem Wi....dbach eine Fore....e gefangen.
97. In der Tanzstunde haben wir heute den Wa....zer gelernt.
98. Der Zo.... hat ihn heute beim Schmugge....n erwischt.
99. Sie bewegt sich so graziös wie eine Gaze....e.
100. Es wurde eine Ultrascha....untersuchung gemacht.
101. Reichst du mir bitte das Sa....z ?
102. Das Pferd leidet an einer schweren Ko....ik.
103. Wir haben in Kanada viele Wasserfä....e besichtigt.
104. Katzen können ihre Kra....en einziehen, Hunde hingegen nicht.
105. Sege....n ist ein schöner Sport.

106. Fred, würdest du bitte den Ro....aden herunterlassen !
107. In diesem Kleid wirkst du etwas dra.... .
108. Zu Silvester werden viele Bö....er verschossen.
109. Wir haben auf unserer Farm auch mehrere Zuchtbu....en.
110. Du zitterst ja vor Kä....te.
111. Der Mü....er arbeitet in der Mühle.
112. Der Bo....zen lässt sich nicht bewegen.
113. Wenn wir schlimm sind, werden wir ko....ektiv bestraft.
114. Am Abend wird die Sta....aterne eingeschaltet.
115. In Italien haben wir eine alte Basi....ika besucht.
116. Zum Geburtstag habe ich eine Kora....enkette geschenkt bekommen.
117. Auf diesem Bild können Sie ein Sti....eben bewundern.
118. Die beiden gleichen einander wie Zwi....inge.
119. Ich brauche ein Pu....ver gegen Kopfschmerzen.
120. Sie hat eine furchtbar schri....e Stimme.
121. Trotz dieser Ange....egenheit müssen wir Ha....tung bewahren.
122. Die Dame beugt sich über die Ba....ustrade.
123. Vor lauter Wut hat er den Vertrag zerknü....t.
124. Im Cockpit ist die Kontro....euchte angegangen.
125. Jetzt ist aber Schluss mit dem Gebrü.... .
126. Ihr Pferd ist ein Wa....ach, kein Hengst.
127. Wie konntest du nur den Ausweis fä....schen ?
128. Er findet an ihr immer mehr Gefa....en.
129. In unserem Zimmer haben wir sogar einen Ba....dachin.
130. Gestern haben wir eine Ausste....ung besucht.
131. Ich weiß nicht, warum, aber er spricht ständig von der Hö....e.
132. Dein neues Stofftier ist wirklich dro....ig.
133. Hier ist der Widerha.... besonders groß.
134. Der Physiklehrer erklärt uns das Scha....och.
135. Sie ist in eine Gletscherspa....te gestürzt.
136. Ist dieser Ausweis noch gü....tig ?
137. Er war nie ein besonders gese....iger Mensch.
138. Dieser Einfa.... ist pure Einfa....t.
139. In diesem Tal findest du noch reine Que....en.
140. Ich finde die Idee einfach ko....ossal.
141. Die jungen Kä....ber stehen noch auf der Wiese.
142. Der Bauer arbeitet beim Si....o.
143. Auf diesem Gebiet hat ein Fehler fata....e Folgen.
144. Ihr Wortschwa.... war nicht zu stoppen.
145. Die beiden stiegen in einem Hote.... ab.

m, mm oder mmm ?

MERKE: *Nach einem langen Vokal kommt das einfache* ***m****. Ebenso nach einem ai, au, äu, eu und ie. Die Verdoppelung* ***(mm)*** *kommt* ***nur*** *nach einem kurz gesprochenen Vokal, jedoch kann* ***auch*** *nach einem kurz gesprochenen Vokal nur ein einfaches* ***m*** *kommen. Nach einem einfachen Mitlaut (z. B. d, f, r, t, ...) steht allerdings nie ein* ***mm****.*
Wenn ein Wort mit einer Verdoppelung endet und mit einem Wort, das mit ***m*** *beginnt, zusammengesetzt wird, wird es mit einer Verdreifachung* ***(mmm)*** *geschrieben.*

Setze in den folgenden Sätzen die fehlenden Buchstaben richtig ein:

1. Wir haben zu Ostern viele Eier beko........en.
2. Die beiden haben überhaupt keine Ge........einsa........keiten.
3. Ich hätte gerne ein Kilogra........ Rindfleisch.
4. Die Wildschweine wälzen sich im Schla........ .
5. Diese Zahlen ergeben eine ansehnliche Su........e.
6. Wer heiraten will, muss auf das Standesa........t gehen.
7. Nun reiß dich doch ein wenig zusa........en.
8. Dieser Unfall hatte für sie trau........atische Folgen.
9. Am 5. Deze........ber ko........t der Kra........pus.
10. In diesem Wildpark haben sie auch Da........wild.
11. Sie konnte vor lauter Schmerzen nur mehr wi........ern.
12. Der Streit endete in einem wilden Ka........pf.
13. Er konnte mit seinem Auto nicht mehr bre........sen.
14. Die Fans begannen, die Einrichtung zu de........olieren.
15. Sie hat nicht einmal mit einer Wi........per gezuckt.
16. Sä........tliche Zufahrtsstraßen wurden gesperrt.
17. Du darfst besti........en, in welches Restaurant wir gehen.
18. Fred braucht für das Einschlagen des Nagels einen Ha........er.
19. Ich mache für dieses Unternehmen keinen Finger kru........ .
20. Die Kinder waren heute wieder besonders schli........ .
21. Dieses Bru........en geht mir gewaltig auf die Nerven.
22. Die A........pel hat gerade auf Rot geschaltet.
23. Nach der Schlägerei war die Einrichtung ziemlich ra........poniert.
24. Er hat gerade vor Zorn aufgesta........pft.
25. Die Te........peratur ist dabei, wieder zu sinken.

26. Für einen Millionär ist er aber sehr är........lich gekleidet.
27. Ich habe sie gleich an ihrer Sti........e erkannt.
28. Der Hi........el ist heute besonders blau.
29. Gibt es einen zweiten Vertrag oder nur dieses eine Exe........plar ?
30. Leider musste ich seine Freude dä........pfen.
31. Wir machen heute in Deutsch nur Gra........atik.
32. Das mache ich nicht. Ich bin nicht dein Ha........pelmann.
33. Unser Schiff hat einen neuen Wi........pel.
34. Hier siehst du eine Ka........uschel.
35. Sie halten mich wohl für ziemlich du........ .
36. An deiner Stelle würde ich die Geschwindigkeit verlangsa........en.
37. Dieser Rock hat am Bund einen Gu........izug.
38. Waru........ musst du i........er Recht haben ?
39. Ja........ern hilft hier überhaupt nicht.
40. Du solltest dir wieder einmal die Haare kä........en.
41. Sie kann vor lauter Ku........er nicht mehr essen.
42. Der Raucher ni........t sich eine Zigarette.
43. Für die Isolierung benötigen wir mehr Dä........aterial.
44. Ich habe die Hausnu........er unserer Gastgeber vergessen.
45. Du hast schon wieder kein Fernsehprogra........ gekauft.
46. Wir haben ihnen zur Hochzeit ein Telegra........ geschickt.
47. In deinem Zi........er sieht es aus wie auf einem Schlachtfeld.
48. Er hat sich gerade eine Ha........elkeule bestellt.
49. Unser Dachboden ist eine einzige Ru........pelka........er.
50. Wir haben in Süda........erika einen Indiosta........ besucht.
51. Es ist gefährlich, alleine im Su........pf spazieren zu gehen.
52. Zum Frühstück esse ich gerne eine Se........el.
53. Sie kleidet sich in Sa........t und Seide.
54. Auf dieser Marke fehlt der Ste........pel.
55. Auf seinem Schreibtisch steht eine hässliche La........pe.
56. Heute war sie sanft wie ein La........ .
57. In unserem Vogelhaus sitzt eine A........sel.
58. Nein, das ist kein Spatz, sondern ein Gi........pel.
59. Vorsicht ! Stolpern Sie nicht über die Ra........pe !
60. Er konnte das vorgegebene Te........po nicht halten.
61. Für die Zeichnung musst du den Diagra........aßstab angeben.
62. Unser Verein hat heute seine Generalversa........lung.
63. Ab nun übernehme ich das Ko........ando.
64. Die Soldaten stehen alle stra........ .
65. Ich sehe dir schon die ganze Zeit beim Ha........stern zu.

66. Wenn du das wirklich willst, dann musst du darum kä........pfen.
67. Du darfst ihn nicht, ohne ihn anzuhören, einfach verda........en.
68. Gegen diese Krankheit gibt es schon eine I........pfung.
69. Du kannst dir deine blöden Ko........entare sparen.
70. Ich konnte wegen der Dä........erung nichts sehen.
71. Du bist frech und auf........üpfig.
72. In diesem Jahr wurde er Schwi........eister.
73. Ich würde gerne mit dir bu........eln gehen.
74. Seit dem Unfall kann er nur mehr hu........peln.
75. Ich würde mich so gerne um dich kü........ern.
76. Auf einmal hörten wir Fred auf dem Klavier kli........pern.
77. Ich finde es nicht gut, wenn du den Garten so verko........en lässt.
78. Ich hasse Käse, und vor allem E........entaler.
79. Was hältst du von einem kleinen I........biss ?
80. Der I........ker versorgt seine Bienen.
81. Ich finde es schrecklich, wie er versucht, den Mann zu i........itieren.
82. In Österreich bezeichnet man Pilze als Schwa........erl.
83. Für die Renovierung benötige ich einen Ste........eißel.
84. Das ist keine einfache Bau........wolle, sondern feinster Da........ast.
85. Der Bettler war ganz in Lu........pen gekleidet.
86. Auf der Landstraße fand heute eine De........onstration statt.
87. Das letzte Gespräch war voller E........otionen.
88. Du bist für mich ein echt guter Ku........pel.
89. Ich besuche seit drei Jahren ein Gy........nasium.
90. Die Asche im Ka........in hört nicht auf zu gli........en.
91. Am liebsten tanze ich Tango und Sa........ba.
92. Vor dem Laufen mache ich immer Ru........pfbeugen.
93. Das erste Beispiel war schwer, das zweite si........pel.
94. Es macht mich nervös, wenn du mit den Fingern tro........elst.
95. In meinem Magen ru........ort es ganz furchtbar.
96. Ich glaube, sie werden ihn mir auspu........pen müssen.
97. Das ist keine Wespe, sondern eine Hu........el.
98. Du musst die Sätze vorher nu........erieren.
99. Ich habe mir heute eine Kle........appe gekauft.
100. Sie wurden von den Schla........assen begraben.
101. Ingesa........t sind es heuer 65 Maturanten.
102. Ich habe vor lauter Hunger einen Bru........agen.
103. Früher hatten die Kinder der Reichen eine A........e.
104. Sie sind mir sehr sy........pathisch.
105. Er kann nicht vergessen, dass er als har........los bezeichnet wurde.

n, nn oder nnn ?

MERKE: *Nach einem langen Vokal kommt das einfache **n**. Ebenso nach ai, au, äu, eu, ei und ie. Die Verdoppelung **(nn)** kommt **nur** nach einem kurz gesprochenen Vokal, jedoch kann **auch** nach einem kurz gesprochenen Vokal nur ein einfaches **n** kommen. Nach einem einfachen Mitlaut (z. B. f, g, k, r, ...) steht allerdings nie ein **nn**.*
*Wenn ein Wort mit einer Verdoppelung endet und mit einem Wort, das mit **n** beginnt, zusammengesetzt wird, wird es mit einer Verdreifachung **(nnn)** geschrieben.*

Setze in den folgenden Sätzen die fehlenden Buchstaben richtig ein:

1. In unserem Garten steht eine hohe Ta........e.
2. Ich werde dri........en nach ihnen suchen.
3. Ich glaube nicht, dass sie noch kommt, de....... es ist schon sehr spät.
4. Dieser Satz ergibt überhaupt keinen Si........ .
5. Er ist ein großer De........ker.
6. Würden Sie mir bitte Ihren Namen ne........en !
7. Wie ko....test du nur so weit si........ken ?
8. Sie hat über zehn Kilo abgenommen und ist furchtbar dü........ .
9. Er wird den Kampf sicherlich gewi........en. Das ist keine Ku........st.
10. Die He....e muss das Ei legen.
11. Das ist allein meine Erfi........dung. Sie zieht alle in ihren Ba........ .
12. Ich koche das Wasser in der Teeka........e.
13. Du musst ein Pflaster über die Wu........de kleben.
14. Ich möchte das Haus auch von i........en sehen.
15. Der Film hat nur eine kurze Ha........dlung.
16. Jene Ladung wiegt über eine To........e.
17. Die Li.....se meiner Kamera ist völlig verschmutzt.
18. Sie ist hübsch, hat aber eine hässliche Ki........arbe.
19. Ich nehme Ihre Entschuldigung zur Ke........tnis.
20. Es ist kein Be........zin mehr im Ta........k.
21. Alle sehen zu mir hi........ .
22. Ich würde gerne noch etwas über den Hauptplatz fla........ieren.
23. Hier ha........delt es sich um ein rechtwi........keliges Dreieck.
24. Ihre Ke........ummer wird eingeble........det.
25. Morgen werde ich mit der Diät begi........en.
26. Die Lage kann sich stü........dlich ändern.
27. Jetzt mache doch die Sache nicht so spa........end.

28. Es sind noch ein paar Eier in der Pfa........e.
29. Langsam wird dieses Mitglied unserem Verein abtrü........ig.
30. Die No........e ist auf dem Weg ins Kloster.
31. Ich frage mich, wa........ er kommt. Wahrscheinlich ganz spo.......tan.
32. Am Do........erstag findet die Konferenz statt.
33. Es wird schon überall darüber gemu........kelt.
34. Du musst einfach nur die Türkli........ke herunterdrücken.
35. Sie hatten auf der Kreuzung eine Pa........e.
36. Das Wasser läuft durch die Dachri........e.
37. Nach diesem Berg kommt wieder eine Se........ke.
38. Ich mache mir einen Tee aus lauter Bre........esseln.
39. Durch den Sturm war heute eine gefährliche Bra....dung.
40. Sie versuchen die Vögel des Parkes zu beri........gen.
41. Wann wirst du e........dlich deine Bedi........gungen stellen ?
42. Sie ist so altmodisch und hat noch immer Sta........desdü........kel.
43. Bitte lasse dich nicht von seinem Reichtum ble........den.
44. Wo hast du diese Bi........senweisheit her ?
45. Fred ist höflich und hilft ihr aus dem Ma........tel.
46. Mir ist von dem vielen Ta........zen ganz schwi........dlig geworden.
47. Er müsste i........erhalb der nächsten Woche wiederkommen.
48. Siehst du nicht das Bli........ken der Ampel ?
49. Ich habe mich an der Tischka........te gestoßen.
50. Darf ich Ihnen meinen Ma........ vorstellen ?
51. Sie erklärte ihm kurz und bü........dig die Sachlage.
52. We........ das herauskommt, da........ gibt es einen Ska........dal.
53. Ich nehme gerade ein Bad in der Wa........e.
54. Die Gewi........ummer ist heuer die Vier.
55. Der Mi........ister ist von seinem Amt zurückgetreten.
56. In den Ferien schle........dere ich gerne durch die Stadt.
57. Zur Herstellung von Marzipa........ brauchst du auch Ma........deln.
58. Er wird sich schuldig beke....en. Dadurch wird das Urteil gü....stiger.
59. Die So........eneinstrahlung ist auf dem Gletscher beso........ders inte........siv.
60. Ich finde es roma........tisch, we........ man unter Weinra........ken sitzt.
61. Zum Malen brauchst du einen Pi........sel.
62. Er schafft es, sich aus jeder Schwierigkeit herauszuwi........den.
63. Diese Wohnung verfügt über keine Kli........gel.
64. Es war so grell, dass ich nur bli........zeln ko........te.
65. Er seufzte vor Wo........e.

p, pp oder ppp ?

***MERKE**: Nach einem langen Vokal kommt das einfache **p**. Ebenso nach ai, au, äu, eu, ei und ie. Die Verdoppelung **(pp)** kommt **nur** nach einem kurz gesprochenen Vokal, jedoch kann **auch** nach einem kurz gesprochenen Vokal nur ein einfaches **p** kommen. Nach einem einfachen Mitlaut (z. B. d, l, r, w, ...) steht allerdings nie ein **pp**.*
*Wenn ein Wort mit einer Verdoppelung endet und mit einem Wort, das mit **p** beginnt, zusammengesetzt wird, wird es mit einer Verdreifachung **(ppp)** geschrieben.*

Setze in den folgenden Sätzen die fehlenden Buchstaben richtig ein:

1. Vor dem Hau........tgang hätte ich gerne noch eine Su........e.
2. Ich werde diesen Vertrag etwas genauer unter die Lu........e nehmen.
3. Sie fiel mit lautem Ge........olter die Stiege hinunter.
4. Sie hat sich beim Sturz auf die Li........e gebissen.
5. Du hast keine Kondition, wenn du schon jetzt schla........machst.
6. Das ist kein Laufen, sondern nur ein Tri........eln.
7. Morgen wird der Ka........lan die Messe halten.
8. Ich finde seine neue Freundin sehr a........art.
9. Nächste Woche bekommt sie ihr Di........lom.
10. Ich habe Angst vor steilen Kli........en.
11. Du solltest einen Sprung machen, keinen Hu........fer.
12. Ihre Arbeit aufzugeben, war ein großes O........fer.
13. Im Kino esse ich immer Po........corn.
14. Mein Auto ist gerade der Re........aratur.
15. Für eine Frau hat sie ein äußerst ru........iges Wesen.
16. Seine Familie hat sogar ein eigenes Wa........en
17. In der Ste........e ist es heiß und staubig.
18. Ich möchte gerne einen Ring aus Ku........fer.
19. Das ist keine echte Bombe, sondern eine Attra........e.
20. Wünschst du dir zum Geburtstag einen Teddy oder eine Pu........e ?
21. Wenn du ihn wirklich willst, dann musst du ihn dir schna........en.
22. Darf ich meinen Koffer in der Zwischenzeit hier de........onieren ?
23. Ich hatte wirklich schwer zu schle........en.
24. Sie kommt nicht allein, sondern mit ihrer ganzen Si........e.
25. Er nimmt die Medizin in Form von Ka........seln.

26. Das Bild zeigt Jesus mit seinen A........osteln.
27. Sein Vater arbeitet in der Botschaft. Er ist Di........lomat.
28. Bei diesem Spiel hast du noch nicht ge........unktet.
29. Während der Befragung stand sie unter Hy........nose.
30. O........ium gehört auch zu den gefährlichen Drogen.
31. Die beiden haben ihre Wohnung sehr po........ig eingerichtet.
32. Ich sehe mir im Fernsehen gerade einen interessanten Re........ort an.
33. Fred findet diesen Film su........er.
34. Die Polizei ta........t im Dunkeln.
35. Für den Steindruck verwendet man Schle........insel.
36. Wir werden uns für den Angriff wa........nen.
37. Nach der schweren Krankheit sah sie aus wie ein Geri........e.
38. Wir gehen einen Ha........en essen.
39. Die große Jacht nimmt das Segelboot ins Schle........tau.
40. Der Hund lernt gerade das A........ortieren.
41. Wer ist der Ka........itän dieses Schiffes ?
42. Diese Arbeit erfordert viel Koo........eration.
43. Ich gehe mit dem Reze........t in die A........otheke.
44. Er ist betrunken und sieht daher alles do........elt.
45. Bei deinen Fremdsprachenkenntnissen ha......ert es aber noch gewaltig.
46. Warst du schon einmal in Ja........an ?
47. Diese Partei geht nach den nächsten Wahlen in die O........osition.
48. Der neue Bürgermeister ist ziemlich po........ulär.
49. Sie müssen unsere Firma gut re........räsentieren.
50. Der Wel........e ist noch sehr ta........sig.
51. Der Fallschirmspringer ist im Baumwi........fel hängen geblieben.
52. Wer eine Sternschnu........e sieht, darf sich etwas wünschen.
53. Möchtest du lieber einen A........fel oder eine Birne ?
54. Beim Putzen verwende ich immer einen speziellen La........en.
55. Dieses Auto hat eine besonders laute Hu........e.
56. Er will immer mit dem Ko........f durch die Wand.
57. Sie hat sich mit dem Messer die Fingerku........e abgeschnitten.
58. Gibt es von dem Testament ein Du........likat ?
59. Dieses Pferd ist kein Traber, sondern ein Galo........er.
60. Mein Fernseha........arat ist ka........utt.
61. Wieso regst du dich über diese La........alie so auf ?
62. Kaufst du dir einen Pa........agei ?
63. Der Te........ich gehört wieder einmal gesaugt.
64. Deine Pu........ille ist vergrößert.
65. Er ist so unruhig. Immer muss er za........eln.

66. An unserer Hauswand hängt ein Pa........lakat.
67. Wer seine Meinung oft nach den anderen richtet, ist ein O.....ortunist.
68. Im Fasching esse ich am liebsten Kra........fen.
69. Hinter dem Haus befindet sich ein Holzsta........el.
70. Das Fahrrad ist schon alt und kla........rig.
71. Ich ziehe den roten dem grünen Pa........rika vor.
72. Der Künstler bekam sehr viel A........laus.
73. Die Pferde sind im Sommer immer auf der Ko........el.
74. Für eine eigene Firma fehlt mir einfach das Ka........ital.
75. Ich habe die Hefte in meiner Ma........e.
76. Ich habe dir verboten, mit dem Stuhl zu wi........en.
77. In Diskotheken ho........sen alle nur dumm herum.
78. Diese Frau kann nur schimpfen und ke........eln.
79. Zum Verladen von Wagons brauchst du eine Ki........latte.
80. Er hat sich für schlechte Zeiten ein Lebensmittelde........ot angelegt.
81. In der Hütte werden sie ein paar warme Ste........decken finden.
82. Sie wurden in einer kleinen Ka........elle getraut.
83. Er ist dem Anschlag nur kna........ entgangen.
84. Auf der Bluse befindet sich eine bunte A........likation.
85. Die Preise sind hier ziemlich ha........ig.
86. In diesem Haus schwingt noch die Oma das Ze........ter.
87. Das Fleisch ist schon im Kochto........f.
88. Wenn du weiterhin so schaukelst, wirst du bald umki........en.
89. Mein Anorak hat auch eine Ka........uze.
90. Das erste Ka........itel des Buches ist schon vielversprechend.
91. Sie trinkt ja gar nicht. Sie ni........t nur an ihrem Glas.
92. Immer mehr Bauern pflanzen Ra........s an.
93. Dieser Dom besitzt eine beeindruckende Ku........el.
94. Was ist der Unterschied zwischen Leo........ard und Ge........ard ?
95. Es ist kein Pa........ier mehr im Drucker.
96. Sein Gesundheitszustand verschlechterte sich ra........id.
97. Die Schlange ist ein interessantes Re........til.
98. Diese Jacke hat einen Zi........verschluss.
99. Zahlen Sie alles zusammen oder se........arat ?
100. Ich hätte gerne zwei Semmeln und drei Ki........ferl.
101. Diese Ta........ete gefällt mir nicht. Sie ist zu grün.
102. Möchten Sie vor dem Essen einen A........eritif ?
103. Seit seinem Tod hat sie furchtbare De........ressionen.
104. Auf diesem Schiff haben sie sogar Tor........edos.
105. Danke für den Ti........ .

106. Würdest du mir bitte die Stirn abtu........fen !
107. Magst du lieber O........er oder Musical ?
108. Ich hatte Angst, dass ich in der Wüste kre........ieren würde.
109. Ich habe keinen Hunger, aber großen A........etit.
110. Heute hat der Co........ilot das Flugzeug gesteuert.
111. Er wünscht sich von seinen Eltern ein Mo........ed.
112. Ich suche für meine Couch einen Ste........olster.
113. Das war kein ernstes Gespräch. Wir haben nur ge........laudert.
114. Es ist kein Wasser mehr im Na........f.
115. Die Frau, die wir suchen, trägt einen langen Zo........f.
116. Dieser unhöfliche Mensch hat mich als „De........" bezeichnet.
117. In der Hofreitschule gibt es nur Li........izzaner.
118. Beim letzten Rockkonzert trank ich Bier aus Pa........bechern.
119. Bier wird teilweise aus Ho........fen hergestellt.
120. Österreich ist eine Re........ublik.
121. Mein Pferd ist ein Ra........e.
122. Immer, wenn er sich ärgert, sagt er „Sa........erlot".
123. Die kleinen Vögel pie........sen in ihrem Nest.
124. Ihr Gepla........er geht mir allmählich auf die Nerven.
125. Sie hatte in Rom eine Audienz beim Pa........st.
126. Dieses Angebot ist wirklich das O........timum.
127. Diese Torte mag ich nicht. Da ist To........fen dabei.
128. Diese Aufgabe ist nicht schwierig, sondern ganz sim........el.
129. Dieser Urlaub war der reinste Ne........ .
130. Kennst du das Märchen von Ra........unzel ?
131. Zum Eis esse ich immer Hohlhi........en.
132. Wir sind eine Gru........e.
133. Der Lärm........egel stieg ins Unermessliche.
134. Zu den Getränken wurden kleine Hä........chen gereicht.
135. Ich bin für den Marathon to........fit.
136. Bitte, hör auf zu ja........sen.
137. Ich finde diese Dekoration zu ü........ig.
138. Wir zahlen se........arat.
139. In diesem Kostüm siehst du aus wie ein Hi........ie.
140. Immer musst du an deinem Kleid herumzu........fen.
141. Ich habe mir zum Basteln gerade Kre........apier besorgt.
142. Der Gegner wird ka........itulieren.
143. Der Lauf der Dinge ist nicht mehr zu sto........en.
144. Warst du schon einmal in Ägy........ten ?
145. Fred mag sie nicht, denn sie ist so schni........isch.

r, rr oder rrr ?

MERKE*:* *Nach einem langen Vokal kommt das einfache* ***r****. Ebenso nach ai, au, äu, eu, ei und ie. Die Verdoppelung* ***(rr)*** *kommt* ***nur*** *nach einem kurz gesprochenen Vokal, jedoch kann* ***auch*** *nach einem kurz gesprochenen Vokal nur ein einfaches* ***r*** *kommen. Nach einem einfachen Mitlaut (z. B. d, f, m, t, ...) steht allerdings nie ein* ***rr****.*
Wenn ein Wort mit einer Verdoppelung endet und mit einem Wort, das mit ***r*** *beginnt, zusammengesetzt wird, wird es mit einer Verdreifachung* ***(rrr)*** *geschrieben.*

Setze in den folgenden Sätzen die fehlenden Buchstaben richtig ein:

1. Das Wetter war heute einfach he....lich.
2. In Afrika hält die Dü....eperiode weiterhin an.
3. Auf dem Ko....idor ist es immer finster.
4. Wenn sich die Katze wohlfühlt, beginnt sie zu schnu....en.
5. Zu Weihnachten gibt es bei uns immer Ka....pfen.
6. Jeder Mensch kann sich einmal i....en.
7. Wenn er wütend ist, kann er sich nicht mehr behe....schen.
8. Ich ert....age es nicht, wenn du trau....ig bist.
9. Nächste Woche beginnt wieder der Unte....icht.
10. Für dauerhaftes Glück gibt es keine Ga....antie.
11. Für diese Näharbeit benötige ich Nadel und Zwi....n.
12. Wer das glaubt, ist wirklich ein Na.... .
13. Wir müssen uns nächstes Mal besser ta....nen.
14. Sie sind vor Schreck ersta....t.
15. Er lebt nur für seine Ka....iere.
16. Die Situation hat sich me....klich gebessert.
17. Mein Magen hört nicht auf zu knu....en.
18. In diesem Gewi.... kennt sich ja keiner aus.
19. Dieser Mensch hat wirklich kein Erba....men.
20. Sie legen den Verletzten auf die Bah....e.
21. Dein Vater ist ein netter He.... .
22. Kann Fred Gita....e spielen ?
23. Die Übe....aschung ist dir gelungen.
24. Die Jugendlichen schlafen in der He....berge.
25. Warum sta....en uns immer alle an, wenn wir einen Raum betreten ?

26. Zum Ausverkauf kamen die Leute scha....enweise.
27. Wo ist der Geschi....einiger ?
28. Heute haben wir einen bedeutenden Sieg e....ungen.
29. Sie machte die viele Arbeit, ohne zu mu....en.
30. Die Leiche wurde einfach im Hof verscha....t.
31. Für diese Ka....ikatur hat der Künstler wenig Fa....be verwendet.
32. Seine Aussage löste große Verwi....ung aus.
33. Mit diesem Ge....ücht bringst du sie in Ve....uf.
34. Meistens ist er am Morgen mü....isch.
35. Der Ba....iton hat eine Na....be im Gesicht.
36. Wir waren heuer im Sommer in der Tü....kei.
37. Er sitzt nur da und ha....t der Dinge, die noch kommen werden.
38. Meine Freundin Christina hat ein großes He....z.
39. Das ist kein Auto, sondern ein alter Ka....en.
40. Wir werden noch heute unser Ziel e....eichen.
41. Sie befinden sich leider in einem großen I....tum.
42. In Brasilien wird der Ka....neval immer groß gefeie....t.
43. Bitte legen Sie Ihren Sicherheitsgu....t an.
44. Es bringt nichts, wenn du so an dem Seil anze....st.
45. Heute Abend le....nst du einen echten Ba....on kennen.
46. Wir wohnen im Pa....te....e, nicht im ersten Stock.
47. Alexander war ein ganz großer He....scher.
48. Gib dem Hasen noch eine Ka....otte !
49. Bis zum Erfolg muss man viele Ba....ieren überwinden.
50. Du darfst dich durch seine Fragen nicht i....itieren lassen.
51. Er trägt einen Schnu....ba....t.
52. Dieser Wein wird in einer Ka....affe se....viert.
53. Jedes Jahr wird in unserer Gemeinde eine Pfa....eise organisiert.
54. Auf seiner Fa....m wird nur Ge....ste angebaut.
55. Sie hat sich in der Schweiz einen Goldba....en gekauft.
56. Seit einem Monat lerne ich Ka....ate.
57. Sie schlägt das Pferd mit ihrer Ge....te.
58. Dieser Esel ist wirklich stö....isch.
59. Der Spe....iegel lässt sich nicht bewegen.
60. Sie geht im Ga....ten immer ba....fuß.
61. Der Raum ist bis zum Be....sten gefüllt.
62. Ich mag es nicht, wenn sie wie eine Taube gu....t.
63. Sein Verhalten war wirklich ga....stig.
64. Die Tür öffnete sich mit einem leisen Su....en.
65. Ich liebe weiße Rosen mit grünem Fa....n.

s, ß, ss oder sss ?

***MERKE**: Wird der **s**-Laut weich ausgesprochen, kommt **s**.*
*Für das scharfe (stimmlose) **s** nach einem langem Vokal schreibt man **ß**, wenn im Wortstamm kein weiterer Konsonant folgt.*
*Zwischen zwei Vokalen kommt **ß**, wenn der vorangehende Vokal lang gesprochen wird, auch nach einem Zwielaut kommt **ß**.*
*Steht ein kurzer Vokal am Ende eines Wortes oder einer Silbe, folgt **ss**.*
*Wenn ein Wort mit einer Verdoppelung endet und mit einem Wort, das mit **s** beginnt, zusammengesetzt wird, wird es mit einer Verdreifachung (**sss**) geschrieben.*

Setze in den folgenden Sätzen die fehlenden Buchstaben richtig ein:

1. Ich möchte meinen Salat mit E....ig und Öl.
2. Bevorzugen Sie Popmusik oder Kla....ik ?
3. Auf meinen Freund Fred kann ich mich immer verla....en.
4. Sie mussten ihr einen Absze.... entfernen.
5. Sie fangen die Kühe mit einem La....o.
6. Ich hoffe, du bist mir nicht bö....e.
7. Wir bekommen im Bad neue Flie....en.
8. Zum Feiern gibt es keinen Anla.... .
9. Ich finde diesen Film einfach grä....lich.
10. In meine Kla....e gehen nur Mädchen.
11. Ich möchte etwas e....en.
12. Ich habe keine Lu....t, zu arbeiten.
13. Unsere Tochter ist schon sehr gro.... .
14. Das neue Theaterstück ist einfach kolo....al.
15. Ich habe tau....end Euro verloren.
16. Es gie....t in Strömen.
17. Die Lade mit den Sü....igkeiten ist leer. Du bist wirklich ein Fre....ack.
18. Auf der Stra....e fahren viele Autos.
19. Ich finde die Farbe dieses Kleides einfach hä....lich.
20. Auf dem Weg im Garten liegt Kie.... .
21. Die Kinder spielen lieber drau....en.
22. Ich hätte gerne statt Kartoffeln lieber Rei.... .
23. Das ganze Geld flo.... in seine eigene Tasche.

24. Nach dem vielen Glühwein begann sie zu säu....eln.
25. Im Deutschunterricht la.... der Lehrer heute einen Ver.... vor.
26. Er hielt die Hände fest aneinander gepre....t.
27. Sie zog unter das Ganze einen dicken Schlu....trich.
28. Man sollte niemanden aus tiefstem Herzen ha....en.
29. Hast du bitte für mich eine Verschlu....chraube ?
30. Die beiden haben immer sehr viel Spa.... .
31. Ich hätte gerne ein Schlo.... an einem See.
32. Der Regengu.... hat soeben aufgehört.
33. Zum Frühling gehören Tulpen und Narzi....en.
34. Heute a....en wir nichts Gutes.
35. Er ist nicht gerade verlä....lich.
36. Sie ist unter der Dusche, um sich zu brau....en.
37. Meine Schwester hat im Zeugni.... zwei Fünfer.
38. Auf dem Fensterbrett sitzen ein Spatz und eine Mei....e.
39. Wir mü....en heute Fieber me....en.
40. Diesen Verrat wird er mir bü....en.
41. Wir rodelten in eine Waldschnei....e.
42. Ich verga...., ihn anzurufen.
43. In der Decke ist ein Ri.... .
44. Dann mu....t du die Kuchenma....e in die Form geben.
45. Dein Hu....ten wird immer schlimmer.
46. Ich kaufe mir Wür....tel am Imbi....tand.
47. Vom vielen Wandern tun mir schon die Fü....e weh.
48. Ich suche für die Bowle noch ein geeignetes Gefä.... .
49. In Mo....kau am Flughafen streiken die Fluglot....en.
50. Wer hat heuer im Dorf den schönsten Kürbi.... geerntet ?
51. Du brauch....t überhaupt keine Angst vor dem Ver....agen zu haben.
52. Fre....ucht ist eine schlimme Krankheit.
53. In unserem Büro herrscht heute nur Verdru.... .
54. Haben Sie die Rechnung schon ka....iert ?
55. Niemandem fällt der Erfolg so einfach in den Scho.... .
56. Diese Veranstaltung war ein Schlag ins Wa....er.
57. Auf einmal durchdrang ein Schu.... die Stille.
58. Zum Nachtisch hätte ich gerne Grie....koch.
59. Alle anderen Details klären Sie bitte mit meinem A....istenten.
60. Geht es dir nicht gut ? Du bist so bla.... .
61. Sie können die Umri....e nur von au....en sehen.
62. In der Altstadt gibt es viele schmale Ga....en.
63. Sie benimmt sich wie die Prinze....in auf der Erbse.

64. Du solltest in der Schule gut aufpa....en.
65. Der Bi.... der Grünen Mamba ist tödlich.
66. Ich schreibe am liebsten mit Fa....erstiften.
67. Wir werden uns ein Flo.... bauen.
68. Sie trug bei der Hochzeit kein wei....es Kleid.
69. Ich hoffe, ihr wi....t, was ihr da macht.
70. Wir sammeln im Wald etwas Rei....ig.
71. Die beiden haben eine gute Ausgangsba....is.
72. Sie wollte vor Scham im Boden ver....inken.
73. Heute gab es nur Na....chnee.
74. Du solltest sie in Ruhe la....en.
75. Alles hier ist eine einzige Wirrni.... .
76. Er versetzte ihr einen heftigen Sto.... .
77. Der Spieler hat noch ein A.... im Ärmel.
78. Dieses Unternehmen ist ziemlich ri....kant.
79. Ich denke, eine Trennung ist am be....ten.
80. Ich brauche noch Me....er und Gabel.
81. Jetzt ist aber Schlu.... mit dem Unsinn !
82. Die Zin....en sind wieder gestiegen.
83. Er war vor lauter Wut nicht mehr zu brem....en.
84. Du solltest lernen, das Leben zu genie....en.
85. Sie ging ohne Gru.... zur Tür hinaus.
86. Dass du ja nicht vergi....t, deine Tante zu besuchen !
87. Immer wenn ich dieses Parfum rieche, muss ich nie....en.
88. Jetzt werden wir einmal den Spie.... umdrehen.
89. Welche Lau.... ist dir denn über die Leber gelaufen ?
90. Der Bankräuber hat sich mit einer Gei....el abgesetzt.
91. Die neue Produktion ist mit zu vielen Ko....ten verbunden.
92. Salzburg ist eine Kongre....tadt.
93. Ich habe noch etwas Kaffee in meiner Ta....e.
94. Wer ist hier der Bo.... ?
95. Ich finde diesen Witz ab....olut nicht lu....tig.
96. Geht es dir heute wieder be....er ?
97. Hier drinnen ist es furchtbar hei.... .
98. Der Heizke....el befindet sich im Keller.
99. Ich will nicht in dieser Hütte hau....en.
100. Ich finde das Bild einfach scheu....lich.
101. Er mu.... von einem Termin zum anderen ha....ten.
102. Sie wird morgen am Meni....kus operiert.
103. Es ist schlimm, wie genu....üchtig er ist.

104. Ich werde die Äpfel zu Mu.... verarbeiten.
105. Heute wird die schöne Ku....zene gedreht.
106. Das ist der schönste Strau...., den ich je bekommen habe.
107. Beim Schwimmen schnauft sie wie ein Walro.... .
108. Sie stie.... das Glas mit der Milch um.
109. Ich sitze am liebsten beim Sonnenuntergang auf der Terra....e.
110. Fi....olen sind ein sehr gesundes Gemü....e.
111. Diesen Fra.... kannst du selber e....en.
112. Ich stehe in der Kälte und warte auf den Bu.... .
113. Ich habe schon wieder meine Autoschlü....el verlegt.
114. Sie kann nicht singen. Sie ist hei....er.
115. Ich fürchte, das Seil wird gleich rei....en.
116. Nach der Vorstellung erscholl to....ender Applaus.
117. Es kam viel Ru.... aus dem Kamin.
118. Sie machten eine Expedition in die Wü....te.
119. Wir bauten unser Zelt direkt an der Flu....chlinge auf.
120. Gehen wir gemeinsam in die Me....e ?
121. Wir bekommen den Dieb einfach nicht zu fa....en.
122. Der Patient liegt schon in der Narko....e.
123. Sie hat ein schweres Lo.... zu tragen.
124. Ich habe dich blo.... etwas gefragt.
125. Sie hat ihren Job einfach hingeschmi....en.
126. Sie stehen auf meinem Fu.... .
127. Ich wei...., du hast es nicht leicht.
128. Wir mu....ten den Randalierer fe....eln.
129. Beim heutigen Fest tritt ein Ba....änger auf.
130. Ich bin zu dick. Ich mu.... jetzt wirklich fa....ten.
131. Dieses kleine Bett erinnert mich an eine Nu....chale.
132. Könntest du mir bitte den Rücken ma....ieren ?
133. Bei der Explo....ion wurde niemand verletzt.
134. Der gestrige Abend war be....onders schön.
135. Um hier kehren zu können, brauche ich einen Be....en.
136. Wie teuer ist diese Blu....e ?
137. Du mu....t nur auf das Prei....child schauen.
138. Sie sa....en bis spät in die Nacht auf dem Sofa und hörten Mu....ik.
139. Für diese Anschuldigung haben Sie keinerlei Bewei.... .
140. Man kommt nur mit viel Willen und Flei.... an sein Ziel.
141. Endlich wurde auf den Mi....tand aufmerksam gemacht.
142. Die Studenten e....en in der Men....a.
143. Hören Sie bitte auf, mit mir zu handeln ! Das ist kein Ba....ar.

144. Wenn die Pre....e davon erfährt, sind wir erledigt.
145. Hier gibt es Bier vom Fa.... .
146. Schlie....lich wurde doch noch alles gut.
147. Heute Abend wird ein Opern....änger auftreten.
148. Vor der Arie begann er sich zu räu....pern.
149. In Stre....ituationen wird sie leicht nervö..... .
150. Alle Insa....en wurden zum Au....teigen gezwungen.
151. Sie ist alt und wei....e.
152. Laut Karte kommen wir jetzt über eine Pa....tra....e.
153. Sie kann einfach nicht aufhören zu grin....en.
154. Fred ist Ga....t in unserem Haus.
155. Sie hat ein schlechtes Gewi......en.
156. Welcher Planet ist denn das ? Die Venu.... oder der Mar.... ?
157. Ich fürchte, heute werden noch Tränen flie....en.
158. Zu diesem Thema will ich mich nicht äu....ern.
159. Sie ist flink wie ein Wie....el.
160. Damit die Tapete wirklich hält, brauchst du noch mehr Klei....ter.
161. Ich finde es schrecklich, wenn Menschen Tiere einfach au....etzen.
162. Von diesem Buch gibt es eine gute Zusammenfa....ung.
163. Darf ich bitte Ihren Auswei.... sehen ?
164. Diese Waffel ist alt und nicht mehr knu....prig.
165. Ich brauche zum Schlafen immer zwei Ki....en.
166. Leider mu....ten sie das alte Theater schlie....en.
167. Der Krebs hat sich im Flu....and vergraben.
168. Wenn wir noch zurechtkommen wollen, mü....en wir jetzt sau....en.
169. Sie will nicht kommen, de....halb sucht sie nach einer Au....rede.
170. Für die Panier benötigst du Mehl, Eier und Brö....el.
171. Es ist kein Benzin mehr im Kani....ter.
172. Diese Platte ist aus Pre....pan.
173. Sie dreht sich wie ein Krei....el.
174. An der Grenze haben sie unsere Pä....e kontrolliert.
175. Auf dich ist wirklich kein Verla.... .
176. Das Ausma.... der Tragödie ist noch nicht abzuschätzen.
177. Dieser Wald ist unheimlich und dü....ter.
178. Wie lautet das Re....ultat ?
179. Du intere....ierst dich nicht für Kunst.
180. Du bist ein Kunstbanau....e.
181. Der nächste Winter kommt gewi.... .
182. Ich verstehe nicht, warum die Autofahrer immer so ra....en.
183. Sie hat zur Orientierung immer einen Kompa.... dabei.
184. Er kann sie einfach nicht verge....en.

t, tt oder ttt ?

***MERKE**: Nach einem langen Vokal kommt das einfache **t**. Ebenso nach ai, au, äu, eu, ei und ie. Die Verdoppelung (**tt**) kommt **nur** nach einem kurz gesprochenen Vokal, jedoch kann **auch** nach einem kurz gesprochenen Vokal nur ein einfaches **t** kommen. Nach einem einfachen Mitlaut (z. B. d, n, r, w, ...) steht allerdings nie ein **tt**.*
*Wenn ein Wort mit einer Verdoppelung endet und einem Wort, das mit **t** beginnt, zusammengesetzt wird, wird es mit einer Verdreifachung (**ttt**) geschrieben.*

Setze in den folgenden Sätzen die fehlenden Buchstaben richtig ein:

1. Er notierte die Nachricht auf einem Bla.... Papier.
2. Wenn mich nicht alles täuscht, gibt es bald ein Gewi....er.
3. Meine Mu....er und mein Va....er sind zwei besonders liebe Menschen.
4. Ich habe ein neues Lebensmo....o.
5. Es gab eine Zeit, da trugen die Frauen Korse....s.
6. Er ist schlecht in Biologie, besonders in Bo....anik.
7. In unserem Keller sitzt eine Ra....e.
8. Die Pariser U-Bahn nennt man Me....ro.
9. Seine neue Freundin ist hübsch und adre.... .
10. Kühe muss man am Eu....er melken.
11. Ich brauche für das Feuer noch Brike....s.
12. Das Be....uch ist noch in der Wäsche.
13. Würdest du bitte das Ga....er schließen !
14. Die Weintrauben werden in diesem Bo....ich gesammelt.
15. Ich möchte den Lack nicht glänzend, sondern ma.... .
16. Das Rauchen von Zigare....en ist ungesund.
17. Hast du meinen Ra.... befolgt ?
18. Sie sind höflich und ne.... .
19. Ich schlucke gegen die Schmerzen eine Table....e.
20. Bei der Operation ging alles gla.... .
21. Ich habe eine große Bi....e.
22. Sie glauben wohl, Sie haben einen Tro....el vor sich ?
23. Waren die Kinder auch alle ar....ig ?
24. Morgen Mi....ag treffen wir einander im Restaurant.
25. Er verfolgt jeden Schri...., den sie tu.... .

26. Ich glaube, er hat im Lo....o gewonnen.
27. Wir suchen uns ein scha....iges Plätzchen.
28. Sie trägt das Amule.... ihrer Mutter um den Hals.
29. Ich finde diese Einrichtung geschmacklos und ki....schig.
30. Diese Ba....erie gehört wieder aufgeladen.
31. Obwohl wir die Wunde gereinigt haben, ist sie voller Ei....er.
32. In der neuen Wohnung bekommen wir einen Parke....boden.
33. Sie konnte vor lauter Aufregung nur mehr sto....ern.
34. Was hast du denn in dem Beu....el ?
35. Bevor du losrei....est, musst du das Pferd sa....eln.
36. Gestern wurde nur eine kalte Pla....e serviert.
37. Alles liegt in Schu.... und Asche.
38. Wir sind zu einem Festbanke.... eingeladen.
39. Diese Hü....e ist wirklich romantisch.
40. Bei dem Stau kam man nur im Schri....empo weiter.
41. Manchmal hast du ein Bre.... vor dem Kopf.
42. Ich trainiere jetzt mit einer Han....el.
43. Geturnt wird bei uns immer auf einer Ma....e.
44. Ich habe den dauernden Ärger allmählich sa.... .
45. Ich mag keine fe....riefenden Pommes frites.
46. Sie musste ganz dringend auf die Toile....e.
47. Du musst etwas tun, ansta.... immer nur zu jammern.
48. Mein neues Radio ist schon wieder kapu.... .
49. Ich will dich nicht en....äuschen.
50. Er hat mir eine Ke....e mit einem Anhänger geschenkt.
51. Ich finde, sie ist unnahbar und han....ig.
52. Im Schulorchester fehlt noch eine Klarine....e.
53. Für mich ist der Zitronenfalter der schönste Schme....erling.
54. Man sollte jeden Tag eine gute Ta.... begehen.
55. Wir spannen nun die Hunde vor den Schli....en.
56. Die goldene Mi....e ist meistens richtig.
57. Wenn du ihm nicht kon....erst, bist du für ihn eine leichte Beu....e.
58. Möchtest du auch ein Stück Tor....e ?
59. Sobald etwas Ernstes passiert, sucht sie das Wei....e.
60. Wenn er so eine Einstellung hat, geht er bald bankro.... .
61. Hast du schon den We....erberich.... gehört ?
62. Mit seinem neuen Rad ist Fred ganz schön flo.... un....erwegs.
63. Ich schaffe mir einen Wellensi....ich an.
64. Heuer schreibe ich keine einzige Ansich....skar....e.
65. Er war immer mein Re....er in der No.... .

66. Diese Klasse kommt mir vor wie eine wilde Meu....e.
67. Er ist ein guter Balle....änzer.
68. In Tunesien habe ich auf einem Markt frische Da....eln gekauft.
69. Zum Abschminken verwendet sie immer Wa....e.
70. Die Nachricht steht auf dem Ze....el.
71. Sie zi....erte vor Kälte. Sie hatte nämlich ihren Man....el vergessen.
72. Die Werksta....ür muss immer verschlossen werden.
73. Heuer wird wieder ein We....urnen veranstaltet.
74. Ich bin müde und gehe daher keinen Me....er mehr.
75. Vorsicht wegen der scharfen Kan....en !
76. Sie ist in den letzten Jahren ziemlich in die Brei....e gegangen.
77. Das ist kein Kleid, sondern ein hässlicher Ki....el.
78. Gut erzogene Hunde be....eln nicht bei Tisch.
79. Manche alten Si....en finde ich schön.
80. Bei diesem Kuchen musst du Do....er und Eiklar trennen.
81. Ich werde versuchen, euch durch den Urwald zu lo....sen.
82. Hier ist mir das Ra....ern der Maschinen viel zu lau.... .
83. Mit Bar.... gefällt er mir überhaupt nicht.
84. Ich würde gerne einen Ba....ikkurs belegen.
85. In Tschechien sind Ku....elfleck eine Spezialität.
86. Meine Freundin singt die Hauptrolle in einer Opere....e.
87. Bei der Schlägerei verpasste er seinem Gegner einen Tri.... .
88. Die Henne beobachtet ängstlich ihre Bru.... .
89. Sie hat auf ihrem Kon....o fast kein Geld mehr.
90. Im Winter sind die Vögel immer auf der Suche nach Fu....er.
91. Die Mannschaft ist mit dem Segelboot geken....ert.
92. Er hat für das Konzert ein Menue.... komponiert.
93. Zu Weihnachten geht sie in die Christme....e und betet zu Go.... .
94. Du kannst dich jederzeit beim Buffe....isch bedienen.
95. Seine neueste Leidenschaft ist das Kel....ern von Wein.
96. Sie hat heu....e schon drei Schmerzmi....el geschluckt.
97. Die alte Bank gehört neu gestrichen. Sie ist völlig verwi....ert.
98. Wie geht es Ihrem Ehega....en ? Er ist gestern am Eis ausgegli....en.
99. Er hat mit seinem Be....ongeschäft Plei....e gemacht.
100. Nach dieser durchzechten Nacht hatte er einen Ka....er.
101. Kaffee ohne Zucker schmeckt mir zu bi....er.
102. Sie hängt an ihm wie eine Kle....e.
103. Die meisten Mönche tragen eine Ku....e.
104. Das arme Tier war am Gi....er angeke....et.
105. Ich hoffe, ihre Freundschaft lässt sich wieder ki....en.

TEIL III: SPEZIELLE FÄLLE

b oder p ?

***MERKE**: Bei dieser Unterscheidung geht man nach der Aussprache. Wird der Buchstabe **weich** ausgesprochen, kommt **b**, wird er **hart** ausgesprochen, schreibt man **p**.*

Setze in den folgenden Sätzen **b** oder **p** ein und beachte dabei auch die Groß- und Kleinschreibung:

1. Ich habe einen Kugelschreiber, aber kein ...a....ier.
2. Es ist noch etwas Limonade im ...echer.
3. Unser Hase frisst immer alle Ka...el.
4. Mir gefallen Männer mit ...art überhau...t nicht.
5. Jeden Sonntag wünscht er sich ...euschel zum Mittagessen.
6. Das ist kein Rassehund, sondern ein ...astard.
7. Möchtest du deine ...alatschinke mit Marmelade ?
8. In welchem ...ezirk wohnst du ?
9. Ich fürchte, ich habe mir die ...lase verkühlt.
10. Wir müssen noch unseren ...akt besiegeln.
11. Er verdient mit diesem Geschäft einen ...atzen Geld.
12. Manchmal bist du eine wirkliche ...lage.
13. Wenn dir kalt ist, musst du einen ...ullover anziehen.
14. Ich brauche beim Schlafen keinen ...olster.
15. Heute hatte ich den ganzen Tag nur ...ech.
16. Er taucht gerade den ...insel in die Far...e.
17. Hast du ein ...ro...lem ?
18. Bei dieser Aufgabe hatte er einen ...ehelf.
19. Ich muss noch heute meine Koffer ...acken.
20. Deine Worte waren ...alsam für meine Seele.
21. Der Kuchen ...efindet sich noch auf dem ...lech.
22. Im Al...enzoo haben sie auch einen Bi...er.
23. Ich träume von einem Urlau... am ...almenstrand.
24. Hören Sie sofort damit auf, das arme Tier zu ...eitschen.
25. Jetzt machen Sie doch einmal einen ...unkt !
26. Mein ...ett ist viel zu hart.
27. Er freut sich über jedes Lo... .

28. Sie hörte nicht mehr auf zu ...lappern.
29. Steter Tro...fen höhlt den Stein.
30. Wenn sie will, kann sie ein ...iest sein.
31. Meine Tante kann kein ...lut sehen.
32. Sie haben keinen Grund, in ...anik auszubrechen.
33. Das Mädchen läuft dem ...all nach.
34. Er ließ eine freche ...emerkung fallen.
35. Der ...farrer nimmt ihm die ...eichte ab.
36. Wir wollen einen Kuchen ...acken.
37. Sie hatte ein rotes ...and in ihren Haaren.
38. Sie ist zwar intelligent, hat aber keine Allgemein...ildung.
39. Ich esse keine ...ohnen.
40. Dieser Hund bringt dir sogar deine ...antoffel.
41. Er ist ...endler und fährt mit dem Zug.
42. Fred spielt ein Beatleslied auf dem ...iano vor.
43. Der ...uma gehört zu den Rau...katzen.
44. Ein echtes Wiener Schnitzel gehört ...aniert.
45. Der ...anda ist ein hübscher ...är.
46. Der Sum...f wurde trockengelegt.
47. Es ist kein ...enzin mehr im Tank.
48. Wir müssen das ...ecken auspum...en.
49. Sie hat sich zu Weihnachten einen ...elzmantel gewünscht.
50. Der Fahrradreifen ist ...latt.
51. In Wien nennt man ein kleines Weinlokal ...eisl.
52. Sie bearbeitet ihre Haare mit einer ...ürste.
53. Er verhält sich leider un...eholfen und ...lump.
54. In einer ...rauerei wird ...ier hergestellt.
55. Das ...leigießen ist ein alter Brauch zu Silvester.
56. Wir haben keinen Rettungsring an ...ord.
57. Beim gestrigen Turnier habe ich einen ...okal gewonnen.
58. Eine ...erlenkette ist etwas ganz Wertvolles.
59. Wenn es morgen heiß wird, gehen wir ...aden.
60. Er sucht dringend einen Jo... .
61. Im Her...st fallen die ...lätter von den ...äumen.
62. Es war ein langer und harter Kam...f.
63. Der Dachstein ist ein hoher ...erg.
64. Sie hat für ihre Anschuldigungen keinerlei ...eweis.
65. Im Sommer geht er die meiste Zeit ...arfuß.
66. Sie verabschiedet sich immer mit einem Kuss auf die ...acke.
67. Für die anderen sind die beiden das ...erfekte ...aar.

68. Ich höre die Türglocke ...immeln.
69. Ich möchte keinen Pa...rika in den Salat.
70. Verdorbenes Gemüse wirft man in die ...iotonne.
71. Er erlitt einen ...ruch des linken Schienbeines.
72. Ich kenne mich in der ...olitik nicht besonders gut aus.
73. Sie sind wirklich eine unverschämte ...erson.
74. Welchen ...eruf wirst du später einmal ergreifen ?
75. Ich besuchte in Istanbul einen ...asar.
76. Im Gasthaus isst er immer zwei ...ortionen.
77. Sie hat ihm einen langen ...rief geschrieben.
78. ...aris ist angeblich die Stadt der Lie...e.
79. Ich fühle mich wie im ...aradies.
80. Er ist im Sternzeichen Skor...ion geboren.
81. Diese Standuhr hat ein großes ...endel.
82. Ich fürchte, ich habe meinen ...ass verloren.
83. Die Kinder haben sich hinter den ...üschen versteckt.
84. Im Herbst gehen die Jäger auf die ...irsch.
85. Sie benimmt sich wie eine gefährliche ...estie.
86. Wir werden die Wände kunter...unt streichen.
87. Er ist kein Tenor, sondern ein ...ass.
88. Sie hat ihren Freund als „gemeinen Lum...en" bezeichnet.
89. Ich bringe das ...aket zur ...ost.
90. Der ...ilot steuert das Flugzeug.
91. Es gab eine hitzige Debatte im ...arlament.
92. Wir haben im Moment keinen ...edarf an neuen Mitarbeitern.
93. Morgen spielen wir eine ...artie Tennis.
94. Diese Aufführung ist eine ...rivate Veranstaltung.
95. Die ...est war früher eine gefürchtete Seuche.
96. Kannst du einen ...agger fahren ?
97. Der Fuchs verkriecht sich in seinem ...au.
98. Diese Worte haben für mich keinerlei ...edeutung.
99. Am Ostersonntag hält der ...ischof die Messe.
100. In unserem Garten stehen viele ...irken.
101. Wir sind mit der ...roduktion ziemlich im Rückstand.
102. Ich würde noch gerne mit Ihnen weiter...laudern.
103. Das Wasser ist voller ...akterien.
104. Sie zeigte die ganze ...alette ihres Könnens.
105. Für dieses Regal brauche ich mehrere ...retter.
106. Ich bin in den Kar...fenteich gefallen.
107. Er ...atzt sich immer beim Essen an.

d oder t?

***MERKE**: Auch hier wird nach der Aussprache unterschieden. Wird der Buchstabe **weich** ausgesprochen, kommt **d**, spricht man ihn **hart** aus, schreibt man **t**.*
***Mittelwörter** der Gegenwart werden am Ende immer mit einem **d** geschrieben.*
*Verben in der **3. Person, Singular, Präsens** schreibt man am Wortende immer mit **t**.*

Setze in den folgenden Sätzen **d** oder **t** ein und beachte dabei auch die Groß- und Kleinschreibung:

1. Der Hun... bekomm... sein Futter aus der ...ose.
2. Durch den Bran... haben viele ihr Zuhause verloren.
3. Ich brauche ...ringend deinen Ra... .
4. Du treibst mich an den Ran... der Verzweiflung.
5. ...ennis ist ein interessanter Spor... .
6. Er muss jeden Morgen seinen ...ienst antreten.
7. Dieses ...hema ist für mich absolu... ...abu.
8. Ich mag keine ...atteln.
9. Der ...orsch ist ein sehr schmackhafter Fisch.
10. Ich hätte gerne ein ...utzend Austern.
11. Wir haben in einer Stun...e einen wich...igen ...ermin.
12. Ich werde diesem Menschen mit ...emut begegnen.
13. Das Ergebnis wird mehr oder min...er gleichbleiben.
14. Bal... wird diese Geschichte öffen...lich.
15. Du machst dir über die En...wicklung der Wir...schaft Sorgen.
16. Ich weiß nicht, wann die Vorstellung beginn... .
17. Fred ist wirklich nicht auf den Mun... gefallen.
18. Ich bin mit dem Ra... unterwegs.
19. Mir wird die ganze Sache langsam zu bun... .
20. Sie muss jeden zweiten ...ag den Verban... wechseln.
21. Was haben wir heute für ein ...atum ?
22. Hast du schon einmal einen ...achs gesehen ?
23. Wir fahren heuer in die ...ropen.
24. Österreich ist eine Demokra...ie.
25. Ich muss schnell unter die ...usche.
26. Er macht ihr laufen... Komplimen...e.
27. Die beiden schlossen in Las Vegas den Bun... fürs Leben.

28. Sie hat den ganzen Nachmittag sitzen... verbracht.
29. Für sein schlimmes Verhalten wurde er ge...adelt.
30. Er arbeitet mit eiserner ...isziplin.
31. Mir gefäll... dieser ...eppich überhaupt nicht.
32. Das Baby trink... schon aus der Flasche.
33. Das Schulkind fähr... immer bis zur En...haltestelle.
34. Ich habe dieses Kleid bei einem Versan... bestellt.
35. Beim Begräbnis brach sie weinen... zusammen.
36. Ein paar Wan...erer machten einen interessanten Fun... .
37. Für diesen Kuchen musst du ...otter und Eiklar ...rennen.
38. Die Reise führte uns in ferne Län...er.
39. Ich habe kein Gel... mehr auf dem Kon...o.
40. Sie bekam lauter schöne ...inge geschenkt.
41. Du sollst nicht den ...eufel an die Wan... malen.
42. Die Rin...e dieses Baumes ist schon völlig zerstör... .
43. Dieser Zaun wurde aus ...raht gemach... .
44. Ich bin sicher, dass sie bei dem Spiel sieg... .
45. Ich finde Ihre Forderungen ziemlich ...reist.
46. Wir gehen heute Abend ins ...heater.
47. Bei einem Streit wird er immer so aufbrausen... .
48. Er macht gerade einen ...urnus im Krankenhaus.
49. Sie benimm... sich wie eine ...iva.
50. Beim ...anzen kommt er immer aus dem ...akt.
51. Geh... es ihm gu... ?
52. Sie hat den ...est bestanden.
53. Sie liegen mit Ihrer ...iagnose falsch.
54. Ich muss die Wäsche aus dem ...rockner nehmen.
55. Wenn du zu Ende studierst, bekommst du einen ...itel.
56. Sie wird die Prüfung spielen... schaffen.
57. Bei unserem Hausbau brauchten wir viel Zemen... .
58. Ihre Aufregung ist to...al verstän...lich.
59. Dieser Mann ist immer gran...ig.
60. Sein Auto hat eine gewal...ige ...elle.
61. Ich war schon lange nicht mehr auf dem Boo... .
62. Sie sah sich Hilfe suchen... um.
63. Gib mir die Han... !
64. Ich muss heute noch ...anken, denn ich habe kein Benzin mehr.
65. Sie wollen gegen ein A...omkraftwerk ...emonstrieren.
66. Ich konnte den Sa...z nicht zu Ende sprechen.
67. Danke für den ...ipp.

68. Versprich mir, dass du niemals ...rogen nehmen wirst !
69. Dieses Mal waren wir beim Pu...zen sehr grün...lich.
70. Das Fun...ament für das neue Gebäude wurde gestern gelegt.
71. Für die Übersetzung dieses ...extes brauchen wir einen ...olmetsch.
72. Die Wartelis...e ist wirklich en...los.
73. Ich finde dieses Spiel ...oll.
74. In Wahrheit bist du noch ein echtes Kin... .
75. In unserer Familie wird Hoch...eutsch gesprochen und kein ...ialekt.
76. Er war heute ihr erster Gra...ulant.
77. Ich wünsch...e, ich könnte zum Mon... fliegen.
78. Kannst du mich aus diesem Labyrin...h lo...sen ?
79. Sie war meine beste Kun...in.
80. Sie ist immer über den neuesten Modetren... informier... .
81. Das Wasser ist hier sehr ...ief.
82. Dieses Ereignis ist für mich sehr bedeuten... .
83. Seine Poren sind voller ...alg.
84. Der Fisch hat den Kö...er geschluckt.
85. Welche Schokola...e ist deine Lieblingssor...e?
86. Ich bin Journalis... und nur an Ta...sachen interessiert.
87. Sie ist kein or...entlicher Mensch.
88. Ich finde es schlimm, wenn Ko... auf der Straße lieg... .
89. Ich muss abnehmen und bin ...eshalb auf ...iät.
90. Sie kam lachen... bei der Tür herein.
91. Ich habe keine Angst vor dem To... .
92. Er raste mit hohem ...empo in einen Zaun.
93. Das kleine Mädchen ist wirklich nie...lich.
94. Jeden Morgen war...et er auf sie.
95. Darf ich Ihnen meine ...ochter vorstellen ?
96. Ihre Hose ist aus reiner Sei...e.
97. Sei doch nicht immer so aufgebrach... .
98. Ich habe eine Bo...schaft für sie.
99. Sie verbring... den ganzen Urlaub singen... .
100. Danke, ich mag keine ...orte.
101. Auf welcher Sei...e stehst du ?
102. Die Mag... ist in der Küche.
103. Kommst du en...lich ?
104. Mir ist die Tin...e ausgegangen.
105. Brauchst du eine neue Pa...rone ?
106. Ich muss noch schnell auf die ...oilette.
107. Mein Anwal... hat für mich ein ...okument aufgesetzt.

108. Der ...resor wurde mit einem Sicherheitsco...e versehen.
109. Wir fahren ans Meer. Dort gibt es viel San... .
110. Ich möchte schon ...ort sein.
111. Wie können Sie nur dieses schöne ...ier als Kö...er bezeichnen !
112. Ich koche vor Wu... .
113. Vielleicht solltest du ein Ba... nehmen ?
114. Zu Weihnachten haben wir immer eine grüne ...anne.
115. Ich bewundere deinen Mu... .
116. Bitte, kommen Sie demnächs... wieder !
117. Er hilf... ihr immer in den Man...el.
118. Dieser Wal... ist finster und ungemü...lich.
119. Ich kann den Ausgang nicht fin...en.
120. Das Essen wird kal... .
121. Für diese Kekse brauchen wir Man...eln.
122. Das ist kein Huhn, sondern eine Pu...e.
123. Ich finde seine Metho...en etwas zu ...rastisch.
124. Diese Nägel ...augen zu gar nichts.
125. Manches ist wirklich nur eine Frage der ...echnik.
126. Am frühen Morgen liegt oft noch der ...au auf der Wiese.
127. Zum ...essert hätte ich gerne noch ein Eis.
128. Der Wasserschlauch ist nicht mehr ...icht.
129. Ich besuche jeden Sonntag die Messe im ...om.
130. Der Bauer fährt mit dem Mäh...rescher über den Hof.
131. Fred liest ein Ge...icht vor.
132. Manchmal bekommt er seine ...obsucht nicht in den Griff.
133. Sie mag keine ...omaten.
134. Unser jährliches Essen hat schon Tra...ition.
135. Es ist so lau... hier. Ich verstehe keinen einzigen ...on.
136. Würden Sie bitte Ihren Kopf nach rechts ...rehen ?
137. Dem verstorbenen ...iktator wurde ein ...enkmal errichtet.
138. Ich habe mich am ...aumen verletzt.
139. Mor... ist ein schweres ...elikt.
140. Er hat mir einen neuen Koch...opf gekauft.
141. Meine Kollegen haben eine schlechte Kondi...ion.
142. Ich möchte eine ...efinitive Antwort.
143. Sie muss ganz schnell ihren Agen...en sprechen.
144. Unser ...ialog wurde leider unterbrochen.
145. Ich finde die Jag... auf Füchse einfach en...setzlich.
146. Auf dem schönen ...uch ist Tin...e ausgeronnen.
147. Er stammt aus einer a...eligen Familie.

ei oder ai ?

***MERKE**: Es gibt nicht sehr viele Wörter mit **ai**; am besten, man prägt sich die wichtigsten ein.*

Setze in den folgenden Sätzen **ai** oder **ei** richtig ein:

1. Auf diese Art und W...se wirst du es nicht w...t bringen.
2. Die Straße ist an dieser Stelle nicht sehr br...t.
3. Nach einigen Jahren im Gefängnis ist er wieder fr... .
4. Du musst mir nicht bew...sen, dass du unschuldig bist.
5. Er ist kein Fachmann auf diesem Gebiet, sondern nur ein L...e.
6. Mein Vater hat im M... Geburtstag.
7. Dieser Mensch wird mir allmählich unh...mlich.
8. Wenn du weggehst, dann sage mir bitte vorher Besch...d !
9. Wir haben noch zu wenig Kunden in unserer Kart... .
10. Er ist einem Ver...n beigetreten.
11. Einen kleinen und lichten Wald nennt man auch H...n.
12. Die Kinder spielen mit Pf...l und Bogen.
13. Welche Part... hast du gewählt ?
14. Würdest du ihm Geld l...hen ?
15. Ein Kind, das keine Eltern mehr hat, ist eine W...se.
16. Ich möchte ganz w...t weg fahren.
17. Gute Laune macht das Leben manchmal l...chter.
18. Wir machen nächstes Jahr eine lange R...se.
19. M...land ist eine Stadt in Norditalien.
20. Oje, die Tapete ist voller Kl...ster.
21. Sie wurde vor Schreck ganz bl...ch im Gesicht.
22. Sie hat das Tier mit der P...tsche geschlagen.
23. Es dauerte eine ganze W...le, bis sie wiederkam.
24. In der Ausstellung konnte man auch ein Samur...schwert sehen.
25. Pass auf, dass du keine S...fe ins Auge bekommst.
26. Er musste sich gegen den Angr...fer vert...digen.
27. Kannst du r...ten ?
28. Ich hätte gerne ein Spiegel... zum Frühstück.
29. Die Mannschaft hat einen neuen Tr...ner.
30. In unserem letzten Urlaub waren in Th...land.
31. Wir werden im Garten einen T...ch anlegen.

32. Wer kommt jetzt an die R...he ?
33. Er ist gestern über die K...mauer gestürzt.
34. Ich würde mich sehr über ein paar Z...len von dir freuen.
35. Die beiden machten sich mit Feuer...fer an die Arbeit.
36. Er konnte die Grippe noch im K...m ersticken.
37. Der Karneval in M...nz ist sehr bekannt.
38. Diese Krankheit ist h...lbar.
39. Bei meiner G...ge ist eine S...te gerissen.
40. Heuer war der Winter ziemlich ...sig.
41. Der T...g für den Kuchen ist schon fertig.
42. Dieses Kl...d wurde aus S...de gemacht.
43. Ich bin heute sehr in ...le.
44. Die Z...t ist r...f für eine Entscheidung.
45. Seine arrogante Art bringt mich zur Raser... .
46. Kok...n ist eine sehr gefährliche Droge.
47. Darf ich Sie nach Hause begl...ten ?
48. Auf den Feldern wird gerade der M...s geerntet.
49. In der Fabrik gibt es im Moment viel Arb...t.
50. Dem Lehrer ist heute an der Tafel die Kr...de abgebrochen.
51. Warum bist du immer so gem...n zu mir ?
52. In der Konditor... esse ich immer Kuchen.
53. Sie ist nicht gerne all...n.
54. Er musste vor Gericht einen ...d ablegen.
55. Als Hausübung mussten wir einen R...m auswendig lernen.
56. Der Pr...s war ihr zu hoch.
57. Am Samstag zogen sie eine L...che aus dem Wasser.
58. Kannst du mir noch einmal verz...hen ?
59. Sie wurde beim Schwimmen von einem H... angegriffen.
60. Einen scharfen Hund sollte man nicht r...zen.
61. Ich bin auf eine Geburtstagsf...er eingeladen.
62. Der Pfarrer nahm ihm die B...chte ab.
63. Bei seinem Auftritt erntete er viel B...fall.
64. Wiener Schnitzel ist meine Lieblingssp...se.
65. Vor ganz langer Z...t wurde Österr...ch von einem K...ser regiert.
66. Er wurde dieses Jahr Landesm...ster im Tennis.
67. Ich empfinde diese Behandlung als Bel...digung.
68. Der Hund zieht immer an der L...ne.
69. Er erklärt dir alles bis ins kleinste Det...l.
70. Beim Turnen hat sie am liebsten das S...l.
71. „Ich hätte gerne einen L...b Brot und eine Flasche Milch.“

72. Auf welcher S...te stehst du ?
73. Ich bin ein Freund und nicht dein F...nd.
74. Bei schlechter Verdauung hilft Kl...e.
75. Im Vogelhaus sitzt eine M...se.
76. Sie hatte keine Kleider mehr am L...b.
77. Der Zug fährt auf dem Gl...s ein.
78. Dieser Kochtopf ist aus Em...l.
79. Ihr neuer Freund ist furchtbar langw...lig.
80. Der Berg, auf den wir wandern wollen, ist sehr st...l.
81. Die Zufahrt ist nur den Anr...nern gestattet.
82. Sie bearbeitet ihre Fingernägel mit einer F...le.
83. Sie konnte seinen G...z nicht länger ertragen.
84. In diesem Spiel bilden die Kinder einen Kr...s.
85. Sie ist sehr groß und hat eine schmale T...lle.
86. Er ist dieses Jahr vom Turnunterricht befr...t.
87. Die beiden Wildschw....ne haben sich ineinander verk...lt.
88. In unserem Biotop habe ich Froschl...ch entdeckt.
89. Meine Füße fühlen sich an wie Bl... .
90. Sie ist immer fröhlich und h...ter.
91. Die Hauptstadt von Ägypten ist K...ro.
92. Bitte, drehe die Musik l...ser !
93. Sie ist den anderen Kindern alles n...dig.
94. Dieser Film besteht aus mehreren T...len.
95. Der Bankräuber hat eine G...sel genommen.
96. Meine Tante ist gestern von der L...ter gefallen.
97. Ich mag keine Pr...selbeeren.
98. Man wird ihre L...stung anerkennen und ihr eine Med...lle verl...hen.
99. Diese Krankh...t lässt sich h...len.
100. Sie wollte von ihm kein Mitl...d.
101. Wir haben unser Angebot erw...tert.
102. Der Pfarrer ist noch in der Sakrist... .
103. Ich habe von meinem Chef eine W...sung erhalten.
104. Dieses Jahr bekommen wir Lat...n in der Schule.
105. In Asien gibt es viele R...sfelder.
106. Kann Fred ein Geh...mnis für sich behalten ?
107. Jedes Mitglied hat seinen B...trag zu leisten.
108. Er hat eine neue Bl...be gefunden.
109. Die alten Möbel sind auf dem Sp...cher.
110. Ich schätze deinen Fl...ß.
111. Dir ist wirklich nichts h...lig.

f oder v ?

***MERKE**: Bei der Unterscheidung dieser beiden Buchstaben kann man nicht einmal die Aussprache zu Hilfe nehmen. Es gibt nicht viele Wörter, die mit **v** geschrieben werden, deshalb ist es am besten, wenn man sie sich gut einprägt.*

Setze in den folgenden Sätzen **f** oder **v** richtig ein und beachte dabei auch die Groß- und Kleinschreibung:

1. Die Sonne scheint durch das ...enster.
2. Manche Kinder waren heute gar nicht bra... .
3. Ich bekam vor lauter Au...regung keine Lu...t.
4. Er bittet um ...erzeihung.
5. Sie wünscht sich einen ...ogel zum Geburtstag.
6. Die ...lasche ist ...oll.
7. Der Pferd hat sich am Hu... verletzt.
8. Mein ...ater ist ein hil...sbereiter Mensch.
9. Die Tiere warten auf ihr ...utter.
10. Ich habe eine Blase auf meiner ...erse.
11. Sie fährt nicht gerne mit dem Li...t.
12. Ich muss die Ku...en meiner Eislaufschuhe schlei...en lassen.
13. Die Bauern arbeiten auf dem ...eld.
14. In diesem Ort gibt es eine ...ielzahl an Sportmöglichkeiten.
15. Du hast einfach zu wenig ...antasie.
16. Die ...elgen seines Autos sind schmutzig geworden.
17. Für eine Erwachsene bist du ziemlich nai... .
18. Er macht sich Sorgen um seinen Ru... .
19. Die ...erkehrsbetriebe haben die Tari...e erhöht.
20. In Deutsch mussten wir einen ...ers auswendig lernen.
21. Im Park hat jemand Gi...t ausgestreut.
22. Er ist einem ...errat zum Opfer gefallen.
23. Seit dem Unfall muss er einen ...erband tragen.
24. Gestern wurde sie an der Hü...te operiert.
25. Wir müssen dieses Treffen geschickt ein...ädeln.
26. Das ...otomodell hat eine tolle ...igur.
27. Am Sonntag fand in unserem Ort ein ...ackelzug statt.
28. Ich ...ermisse meinen besten ...reund.

29. Böse Gedanken sind ihm ...remd.
30. Über dieses Thema wird eine ...olksabstimmung stattfinden.
31. Er ist nicht ...ähig, eine Entscheidung zu treffen.
32. Der andere Autofahrer hat mir einfach den ...orrang genommen.
33. Du behandelst sie wie deinen größten ...eind.
34. Er hat bei der Jagd einen ...asan erlegt.
35. Man darf nicht immer auf seinen eigenen ...orteil sehen.
36. Bei meinem Sturz habe ich mir das Kie...er gebrochen.
37. Du liegst mit deiner Vermutung ...öllig ...alsch.
38. Diesen Fluss habe ich mit einer ...ähre überquert.
39. Für diese Reparatur brauchst du einen ...achmann.
40. Manchmal bist du wirklich nicht ...air.
41. Sie tritt immer sehr ...lott und ...orsch auf.
42. Er arbeitet seit einem Monat in der großen ...abrik.
43. Sein Leben hing an einem seidenen ...aden.
44. Ich finde, dass der Zitronen...alter der schönste Schmetterling ist.
45. Du bist den Kindern kein gutes ...orbild.
46. Ich würde gerne das ...echten lernen.
47. Dieses Buch ist wirklich ...ad.
48. Das Mondlicht erschien mir ziemlich ...ahl.
49. Seine Begeisterung wurde mir zu viel. Er ist ein ...anatiker.
50. Wir haben gestern ein ...iolinkonzert besucht.
51. Gestern ist wieder ein ...ulkan ausgebrochen.
52. Sie ist im Bad auf den ...liesen ausgerutscht.
53. Diese Statue ist aus La...agestein.
54. Auf dem Empfang gab es Sekt und Ka...iar.
55. Sei doch nicht immer so ...eig !
56. Beim Kaffeezubereiten verwende ich immer ...ilterpapier.
57. Kannst du mir etwas auf dem Kla...ier vorspielen ?
58. Sie behandelt ihre Untergebenen wie Skla...en.
59. ...egetarier essen kein ...leisch.
60. Bei dieser Schularbeit hast du viele ...ehler gemacht.
61. Er hat für die Überwachung einen Detekti... beauftragt.
62. Der Ad...ent ist für mich die schönste Zeit.
63. Die Autos sind ...rontal zusammengestoßen.
64. Nach ihrem Schulabschluss will sie an der Uni...ersität studieren.
65. Ich mag auf meiner Pizza keine Oli...en.
66. Sie hat Husten und starkes ...ieber.
67. Bist du ...ertig ?
68. Aus dem Meer ragt ein hoher ...elsen.

69. Aus dieser Pro...inz Italiens kommt ein sehr guter Wein.
70. Darf ich das Ku...ert öffnen ?
71. Es ist nicht immer gut, wenn die ...ernunft siegt.
72. Wann kommt endlich das ...inale ?
73. Du hast wirklich gute Ner...en.
74. Seine Großmutter war ein ...rommer Mensch.
75. Auf dieser Strecke be...inden sich gefährliche Kur...en.
76. Es ist ihr nicht gelungen, ihn aus der Reser...e zu locken.
77. Die wertvolle ...ase ist leider zerbrochen.
78. Nach der Trauung gab es ein großes ...est.
79. Das ...ieh steht noch auf der Weide.
80. Er mag keine ...isolen.
81. Heute Nacht ist wieder einmal ...ollmond.
82. Da ist es nicht so ...inster wie sonst.
83. Wer wird nach den Wahlen ...izekanzler ?
84. Du hast einen ...leck auf der Hose.
85. Morgen haben wir in Englisch einen ...okabeltest.
86. Er ist ein ...agabund und zieht von Stadt zu Stadt.
87. Ich liebe den Duft von ...eilchen.
88. Diese Speise gibt es in allen möglichen ...ariationen.
89. Würden Sie bitte ein ...oto von uns machen ?
90. Er arbeitet in einer Bank und verkauft dort die ...aluten.
91. Der ...asan hat schöne ...edern.
92. Dieser Schuss war wirklich ein ...olltreffer.
93. Welche ist deine Lieblings...arbe ?
94. Ich mache mir Sorgen um unsere ...inanzen.
95. Dieses Baby ist ein ...indelkind.
96. Nach langer Zeit hat sie sich aus den ...esseln gelöst.
97. Die Kinder beobachten ganz gespannt die kleine Lar...e.
98. Pass auf, das ...entil ist undicht !
99. Im Sommerlager haben wir uns ein ...loß gebaut.
100. Wir werden uns über ...unk mit der Zentrale in Verbindung setzen.
101. Ich hätte zum Nachtisch gerne eine ...anillecreme.
102. Die armen Ele...anten werden wegen des El...enbeines gejagt.
103. Dieser ...isch ist ein toller ...ang.
104. Ich habe den Boden mit einem ...euchten ...etzen gewischt.
105. Mit deiner ...aulheit kommst du nicht weit.
106. Sie deckt die Kinder san...t zu.
107. Wir borgen uns jeden Samstag einen ...ideofilm aus.
108. Fred ist ein durch und durch zu...ersichtlicher Mensch.

g oder k ?

MERKE: *Die beiden Buchstaben sind oft schwer zu unterscheiden. Eine Hilfe stellt die Verlängerung des Wortes dar, wenn* **g** *oder* **k** *am Ende des Wortes stehen.*

Setze in den folgenden Sätzen **g** oder **k** richtig ein und beachte dabei auch die Groß- und Kleinschreibung:

1. Sie par...t gerade das Auto ein.
2. Kräutertee ist ein gesundes Geträn... .
3. Der Beste hat gesie...t.
4. Mein Onkel bekommt langsam eine ...latze.
5. Sie ist schon seit Tagen kran... .
6. Wahrscheinlich hat sie die ...rippe.
7. Die Operndiva san... eine Arie.
8. Ordentlichkeit ist eine Tu...end.
9. Der Kuchen gelin...t mir nicht immer.
10. Für dieses Spiel ist er der ideale ...anditat.
11. Er ist Anwalt und arbeitet in seiner ...anzlei.
12. Zu Weihnachten steht in unserer Kirche eine ...rippe.
13. Der ...laube kann Berge versetzen.
14. Ich fürchte, unser Schiff sin...t.
15. Sie bekommt zum Geburtstag ein Geschen... .
16. Diese Ba...terien sieht man nur unter dem Mi...roskop.
17. Die Blinddarmentzündung wurde a...ut.
18. Diese Schreibmaschine funktioniert ele...trisch.
19. Er ist mit den Kindern viel zu stren... .
20. In der Stadt sehe ich mir immer die neuesten Re...lametafeln an.
21. Ich habe dir Dan... zu sagen.
22. Der mutmaßliche Räuber wird ange...lagt.
23. Unser Chef hat einen großen ...alender in seinem Büro.
24. Sie liest eine Zeitung auf der Gartenban... .
25. Er ist immer nervös, wenn sie das Auto len...t.
26. Vergiss nie auf den Sicherheits...urt.
27. Sie leidet ständig unter star...er Mi...räne.
28. Das letzte ...apitel des Buches ist am spannendsten.
29. Das Sa...rament der Ehe ist ihm heilig.

30. Wir besichtigen morgen eine alte Bur... .
31. Gutes Aussehen ist für sie kein ...riterium.
32. Eine hübsche Frau bie...t gerade um die Ecke.
33. Deine Schrift muss man schon als „...laue“ bezeichnen.
34. Habgierige Menschen sind mir ein ...räuel.
35. Gestern tran... er drei Bier.
36. Er den...t zu viel über das Leben nach.
37. Warst du schon einmal auf einem ...letscher ?
38. Die Ampel blin...t schon das dritte Mal.
39. In Österreich herrscht Demo...ratie.
40. In diesem Keller sieht es aus wie in einer ...ruft.
41. Er hän...t wie ein ...lotz an ihrem Bein.
42. Seit ihrem Streit wird die ...luft zwischen ihnen immer größer.
43. Dieses Angebot klin...t sehr verlockend.
44. Er le...t die Karten auf den Tisch.
45. Ich interessiere mich sehr für ...unst.
46. Sie studiert in Wien ...rafik.
47. Es ist gut, wenn man viel Wasser trin...t.
48. Der Kapitän win..t uns vom Schiff aus zu.
49. Dort gibt er das ...ommando.
50. Jener Unfall ist noch einmal ...limpflich ausgegangen.
51. Der Gestan... in der Kläranlage war unerträglich.
52. Sie ist schon zu Lebzeiten eine Le...ende.
53. Die Orangen sind heute in A...tion.
54. Sie steht ganz groß in meiner ...unst.
55. Im Rundfun... senden sie gerade die Nachrichten.
56. Fred ist immer sehr a...tiv.
57. Er mer...t sich alles, was man ihm erzählt.
58. Wo ist das Fernsehpro...ramm ?
59. Sie gibt das Si...nal zum Aufbruch.
60. Jedes neue Unternehmen bir...t ein Wa...nis.
61. Du kannst wir...lich nicht lo...isch den...en.
62. Kommen Sie allein oder in einer ...ruppe ?
63. Sie ist ein sehr ängstlicher und za...hafter Mensch.
64. Ich finde diesen Film ...itschig.
65. Rauchen ist schlecht für den Or...anismus.
66. In diesem Land herrschte lange ein Di...tator.
67. Die Waschmaschine ist voller Kal... .
68. Sie liest gerade in einem Ma...azin.
69. Fred ent...orkt für die Gäste die Champagnerflasche.

k oder ck ?

***MERKE**: **K** steht nach einem lang gesprochenen, **ck** nach einem kurz gesprochenen Selbstlaut. Nach **l**, **n**, **r** kommt nie **ck**.*

Setze in den folgenden Sätzen die fehlenden Buchstaben richtig ein:

1. Die Bauern arbeiten auf dem A...er.
2. In der Fahrschule lernt man das Len...en eines Autos.
3. „Herr Ober, ich hätte gerne einen Se...t."
4. Er hatte einen schweren Herzinfar...t.
5. Morgen werde ich einen guten Kuchen ba...en.
6. Zu dieser Besprechung wären Ro... und Bluse angebracht.
7. Du sollst nicht immer nur zurü...bli...en !
8. Sie steht auf der Brü...e und schaut ins Wasser.
9. Die Polizisten errichten eine Straßenblo...ade.
10. In diesem Satz fehlen das Subje...t und das Obje...t.
11. Jedes Wochenende muss ich mich abra...ern.
12. Es ist kalt. Ich brauche eine De...e.
13. Er hat keine Ahnung, wo die Kinder ste...en.
14. Dieser Ausdru... ist sehr abstra...t.
15. Für dieses Buch werde ich lange brauchen. Es ist sehr di... .
16. Der Mann hat im Affe...t zugeschlagen.
17. Hier ist etwas undicht. Wir haben ein Le... .
18. Sie will das Kind noch einmal an sich drü...en.
19. Nächsten Urlaub fahren wir nach Afri...a.
20. Ich werde Opernsänger und besuche daher die Singa...ademie.
21. Ich sehe die Dinge immer lo...er.
22. Das Lo...al ist gleich um die E...e.
23. Im Zirkus sahen wir einen A...robaten.
24. Hoffentlich beginnt niemand einen nu...learen Krieg.
25. Der Mord passiert im zweiten A...t.
26. Du hast dein Herz am rechten Fle... .
27. Der Zauberer zeigt dem Publikum einen neuen Tri... .
28. Morgen lasse ich mich sehr früh we...en.
29. Sie wurde wegen eines Drogendeli...tes verhaftet.
30. Sie hat Ko...ain verkauft.
31. Da haben wir aber noch einmal Glü... gehabt.

32. Er handelt mit A...tien.
33. Er ist ein richtiges E...el.
34. Das sind ja ganz neue Pra...ti...en!
35. Ich bin kran... .
36. Für den heutigen Abend hat sie sich ganz schön aufgeta...elt.
37. Bei dem Unfall hat er sich eine Knochenfra...tur zugezogen.
38. Die Mü...enstiche ju...en furchtbar.
39. Da ist ein Kratzer im La... .
40. Das sieht aber le...er aus.
41. In diesem Raum ist die A...ustik sehr schlecht.
42. Wenn du morgen abreist, musst du jetzt pa...en.
43. Wir gehen morgen Beeren pflü...en.
44. Die Ölfirma hat einen neuen Tan...er gekauft.
45. Der Frisör schneidet ihre Lo...en ab.
46. Der Ni...olaus hat für die Kinder Geschen...e in seinem Sa... .
47. Lassen Sie es sich bitte schme...en !
48. Ich werfe den Hunden einen Sto... .
49. Ich hätte gerne drei Stü... Kuchen.
50. Irgendwo ist immer ein Ha...en.
51. Er ist in die Schla...e gefallen.
52. Wir treffen uns wegen des neuen Hauses mit dem Ma...ler.
53. Du bringst alles genau auf den Pun...t.
54. Die Blinddarmentzündung wurde auf einmal a...ut.
55. Ich lasse einfach die Musi... auf mich wir...en.
56. Beim letzten Di...tat warst du wir...lich schlecht.
57. Er erzählt eine Ane...dote aus seinem Leben.
58. Manche Dinge muss man einfach a...zeptieren.
59. Ich kaufe in der Bä...erei ein Brot.
60. Ich kann dir nur für alles dan...en.
61. Da tust du echt ein gutes Wer... .
62. Die Matrosen werfen den An...er aus.
63. Ich sitze auf dem Bal...on und den...e an dich.
64. Fred trainiert jeden Tag seine Mus...eln.
65. Ich werde dir das Pa...et morgen schi...en.
66. Der Portier hat den Schran...en heruntergelassen.
67. Am Himmel stehen dun...le Regenwol...en.
68. Nach der Bundeshymne erfolgte der Anki... .
69. Diese Stifte erfüllen nicht ihren Zwe... .
70. Bitte notieren Sie das auf einem Blo... .
71. Wenn ich etwas nicht leiden kann, dann ist das Pa...elei.

72. Um die Aufgabe lösen zu können, musst du den Win...el messen.
73. Von der Kugel getroffen, san... er zu Boden.
74. Er hatte einen Scho... . Es fuhr ihm durch Mar... und Bein.
75. Hier sitzen eine Amsel und ein Fin... .
76. Der Inspe...tor übernahm den Fall.
77. Heute haben wir in Geschichte die Anti..e durchgenommen.
78. Er ist so lästig. Immer will er Ba...schisch.
79. Vor der Wanderung solltet ihr euch stär...en.
80. Das ist kein Pekinese, sondern ein Da...el.
81. Hier ist das Trin...geld in...lusive.
82. Vor der Operation bekommt sie eine Inje...tion.
83. Sie mischen sich unauffällig unter das Vol... .
84. Vorsicht ! Jetzt kommt die große Atta...e.
85. Bei seiner Tour durch das Gletschergebiet brauchte er einen Eispi...el.
86. Möchten Sie etwas Zu...er in Ihre Milch ?
87. Bei ihrer Krankheit handelt es sich eindeutig um eine Infe...tion.
88. Hier ist es so verraucht. Wechseln wir doch lieber das Lo...al.
89. Für seine Hochzeit kaufte er sich einen Fra... .
90. Dieses Geschäft ist wirklich ex...lusiv.
91. Sie haben im Vergnügungspar... eine neue Attra...tion.
92. Diesen Stil nennt man Baro... .
93. Diese Art des Haushaltens ist nicht besonders ö...onomisch.
94. Ich glaube, ich muss das Baby wi...eln.
95. Er ist sehr streng. Da darf keiner aufmu...en.
96. Die Leitung ist leider defe...t.
97. Er war eine Se...unde schneller.
98. Es handelt sich um ein ganz neues Fabri...at.
99. Bitte höre auf, hier eine solche He...ti... zu verbreiten !
100. Ich habe das Bild auf einer Au...tion ersteigert.
101. Dieses Mittel vernichtet Ba...terien.
102. Er spricht mit einem furchtbaren A...zent.
103. Ich dachte, er redet nur im Diale...t.
104. Kannst du bitte mein Geld einste...en ? Ich habe keine Tasche.
105. Der Fa...ir legt sich auf das Nagelbett.
106. Er geriet völlig in E...stase.
107. Bestellst du dir einen Vitaminne...tar ?
108. Dieser S...un... stin...t fürchterlich.
109. Die beiden einigen sich nicht. Das wird ein großer Konfli...t.
110. Bitte, bringen Sie das Geld zur Ban... .
111. Er hat alles geschafft, und das ganz autar... .

112. Im Endeffe...t hast du natürlich Recht.
113. Zu Ehren des neuen Lehrers geben sie ein Ban...ett.
114. Die Hühner hören nicht auf zu ga...ern.
115. Von meiner Tasse ist der Hen...el abgebrochen.
116. Sie wohnen in einer alten Bara....e.
117. Er wurde mit einer Ha...e erschlagen.
118. In der Früh trinke ich immer Ka...ao.
119. Er raucht schon seit zehn Jahren Taba... .
120. Wir schließen jetzt einen Geheimpa...t.
121. Die ausgebeuteten Arbeiter stiegen auf die Barri...aden.
122. Das war ein riesiges Deba...el.
123. Reichen Sie mir bitte den Korb mit dem Gebä... .
124. Der brave Hund bekommt eine Kna...wurst.
125. Ich glaube, er hat seine Le...tion gelernt.
126. Ich habe in Wer...en eine Bati... gemacht.
127. Der Ro...er hat sich bei seinem Unfall das Be...en gebrochen.
128. Ich habe zehn Fran...en für den Ka...tus bezahlt.
129. Während eines Amo...laufes gab es ein schre...liches Massa...er.
130. Nimm deinen Ru...sa... ! Wir machen ein Pi...ni... .
131. Er hat einen ziemlichen Pi... auf dich.
132. Wir arbeiten in der Ko...erei.
133. In ihrer Tasche findest du das O...ular.
134. Der De...an isst zum Frühstü... gerne Bis...otten.
135. Der Fal...e lebt in dem großen Spu...schloss.
136. Hänge nicht immer alles an die große Glo...e !
137. Er schrieb ein Buch über Mi...roben.
138. Sie begegnet ihm mit blan...em Respe...t.
139. Fast alle Kinder lieben Scho...olade.
140. Aber Ke...se sind auch sehr beliebt.
141. Warum bist du immer so bo...ig und e...elig ?
142. Dieser Plan ist gemein und tü...isch.
143. Die schönen Rosen sind schon ganz wel... .
144. Sie glaubt nicht an das Schi...sal.
145. Man gewinnt von ihm einen völlig falschen Eindru... .
146. Ich mag keine wan...elmütigen Menschen.
147. Sie ließ eine abfällige Bemer...ung fallen.
148. Man sollte diesen Umschlag besser nicht kni...en.
149. Der Brilliantring fun...elt im Sonnenlicht.
150. Die Gesteinsbro...en stürzten auf die Fahrbahn.
151. Er hinterlässt eine große Lü...e in meinem Leben.

z oder tz ?

MERKE: *Nach einem* ***kurz*** *gesprochenen Vokal kommt* ***tz****. Nach ai, au, äu, eu und ie steht immer* ***z****. Nach* ***l, n, r*** *kommt nie ein* ***tz****.*
In Fremdwörtern wird meistens nur z verwendet.

Setze in den folgenden Sätzen die fehlenden Buchstaben richtig ein:

1. Ich bin krank und gehe deshalb zum Ar...t.
2. Mein le...ter Test ist sehr schlecht ausgefallen.
3. Wir müssen uns gegen Angriffe schü...en.
4. Bitte hinterlasse mir eine Noti... auf dem Schreibtisch.
5. Bei dem heurigen Wettbewerb herrscht starke Konkurren... .
6. Darf ich um diesen Tan... bitten ?
7. Der Priester predigt von der Kan...el.
8. Dieses Exemplar ist wirklich ein...igartig.
9. Als Fred das hörte, wurde er stu...ig.
10. Ihr Lachen ist immer ein wenig verschmi...t.
11. Diese Spülung verleiht dem Haar mehr Glan... .
12. Im Winter se...e ich meistens eine Mü...e auf.
13. Kennst du schon den neuesten Wi.... ?
14. Sie ging mit einer Luftmatra...e ins Wasser.
15. Mein kleiner Bruder ist sehr oft tro...ig.
16. Die Bauern ernten gerade den Wei...en.
17. Wohin willst du diese Statue pla...ieren ?
18. Gestern hat der Bli... in unser Haus eingeschlagen.
19. Sie steht auf dem Balkon und starrt auf den O...ean.
20. Am Meer kann man so schön die Ge...eiten beobachten.
21. Wir sollten das schöne Wetter ausnü...en und spa...ieren gehen.
22. Dieser Baum ist voller Har... .
23. Hast du schon einmal eine Wan...e gesehen ?
24. Sie braucht für den Automaten eine Mün...e.
25. Ich würde niemals einen Pel...mantel tragen.
26. Diese Hi...e ist wirklich unerträglich.
27. Wir versuchen, den Schaden zu begren...en.
28. Was machen wir je...t ?
29. Magst du lieber Hunde oder Ka...en ?
30. Man lernt die Dinge erst zu schä...en, wenn man sie verloren hat.

31. Sein Verhalten hat mich zutiefst verle...t.
32. Bitte höre sofort auf, mich zu ki...eln !
33. Sie trägt ein kleines goldenes Kreu... um den Hals.
34. Wenn etwas juckt, dann muss man sich kra...en.
35. Plö...lich stand der Einbrecher im Wohnzimmer.
36. Ich muss heute das Haus pu...en.
37. Darf ich den Sa... zuerst zu Ende sprechen ?
38. Die Situation wird langsam bren...lig.
39. Du bist wirklich ein komischer Kau... .
40. Sie wurde von seiner Familie her...lich begrüßt.
41. Die Kinder suchen auf der Insel nach einem vergrabenen Scha... .
42. Man sollte nicht zu stol... sein.
43. Sie lässt sich eine War...e von ihrem Fuß entfernen.
44. Euer Ge...änke geht mir gewaltig auf die Nerven.
45. Die beiden stro...en nur so vor Gesundheit.
46. Meine Schuhe sind ziemlich schmu...ig geworden.
47. Tro...dem gehe ich mit ihnen in die Stadt.
48. Im Garten si...en ein paar Spa...en und machen Lärm.
49. Binde dir beim Kochen eine Schür...e um !
50. Dem Geschne...elten fehlt noch etwas Sal... .
51. Ohne Sonnenbrille muss ich immer blin...eln.
52. Das Fleisch kommt nun in die Bei...e.
53. Wien ist in Be...irke eingeteilt.
54. Können wir unseren Fehler irgendwie ausmer...en ?
55. Sein Gei... wird ihm noch sehr schaden.
56. Seit dem Unfall hat sie starke Schmer...en.
57. Wir zeichnen in Geometrie ein spi...winkeliges Dreieck.
58. Ich finde Männer mit Gla...e attraktiv.
59. Können Sie sein Alibi be...eugen ?
60. Im Mär... ist es nicht mehr so kalt.
61. Man sollte niemals die Schule schwän...en.
62. Meine kleine Schwester war bei der Geburt gan... win...ig.
63. Er ist seiner Mutter eine große Stü...e.
64. Diesem Gericht fehlt die Wür...e.
65. Er wird seinen Fehler wieder ausmer...en.
66. Ich hätte gerne ein Du...end Schnecken.
67. Wir haben uns mit der Farbe angespri...t.
68. Warum musst du immer so glo...en ?
69. Mit ihrer Haube sieht sie einfach pu...ig aus.
70. Schau, du hast dich gerade angepa...t !

TEIL IV: GROSS- UND KLEINSCHREIBUNG

*A: **MERKE**: **Substantive/Nomen** werden als Bezeichnung von Gegenständen, Lebewesen und abstrakten Begriffen verwendet. Man schreibt sie immer **groß**.*
***Numeralien** schreibt man **klein.** Werden sie als **Substantive** gebraucht, werden sie **groß**geschrieben.*

Setze in den folgenden Sätzen die in den Klammern stehenden Buchstaben in ihrer richtigen Form ein:

1. Die Kinder legen ihre ...efte auf den ...isch. (h, t)
2. Am ...amstag gehe ich ins ...ino. (s, k)
3. Auf die ...chularbeit habe ich einen ...weier bekommen. (s, z)
4. Hast du heute schon ...twas vor ? (e)
5. Morgen ...ehen wir ...islaufen. (g, e)
6. Wir fahren nächsten ...onat auf ...rlaub. (m, u)
7. Mein ...nkel hat mit seiner Firma ...leite gemacht. (o, p)
8. Angeblich wird es im ...eurigen ...ommer viel regnen. (h, s)
9. Warum hast du so viel ...ram ? (g)
10. Würdest du ...itte das ...enster öffnen ? (b, f)
11. Dieses Mädchen kann ...inem wirklich ...eidtun. (e, l)
12. Wird sich dein ...reund ...emals wieder melden ? (f, j)
13. Wer hat an dem Unfall ...chuld ? (s)
14. Heute wartet viel ...rbeit auf uns. (a)
15. Mein Personal steht auf ...bruf ...ereit. (a, b)
16. „Herr ...ber, ich hätte gerne ein ...las ...ier !“ (o, g, b)
17. In ...insicht auf die ...eue Lage wird sie den Plan ...ndern. (h, n, ä)
18. Fred versteht deine ...ufregung ...berhaupt nicht. (a, ü)
19. Ich kann ...ur ...ot immer einspringen. (z, n)
20. Warum machst du dir so viele ...edanken ? (g)
21. Auf ...rund neuer Erkenntnisse kommen wir besser ...oran. (g, v)
22. Er nimmt auf seine ...reunde gar keine ...ücksicht. (f, r)
23. Meine Familie steht mir ...ft zur ...eite. (o, s)
24. Wie geht es jetzt ...eiter ? (w)
25. Es war ...eute ...rüh sehr kalt. (h, f)
26. Sie verlangt ...afür eine ...rklärung. (d, e)

27. Er wird seit seinem ...eggang sehr vermisst. (w)
28. Ich sehe auf der Wiese ...wei ...pielende Hunde. (z, s)
29. Ein ...ehr an ...osten können wir uns nicht leisten. (m, k)
30. Die ...utter meiner Freundin ist noch eine sehr ...unge ...rau. (m, j, f)
31. Von ...eiten meiner Tante habe ich ...ichts zu erwarten. (s, n)
32. Nach jedem ...ief kommt wieder ein ...och. (t, h)
33. Ich lege auf gutes ...ssen großen ...ert. (e, w)
34. Fast alle ...ärchen gehen ...ut aus. (m, g)
35. Immer stehst du auf ihrer ...eite. (s)
36. Wann wirst du endlich ...rwachsen ? (e)
37. Man darf die Hinweisschilder nicht ...ußer ...cht lassen. (a, a)
38. Ich bin ...rüher gerne in den ...ald gegangen. (f, w)
39. Er ist als ...rster im ...iel angekommen. (e, z)
40. Du darfst ...iemals die ...offnung aufgeben. (n, h)
41. Diese ...arbe kommt für mich nicht in ...etracht. (f, b)
42. Was wünscht du dir zu ...eihnachten ? (w)
43. Ich habe ...ngst vor ...chlangen. (a, s)
44. Der Frühling ist eine schöne ...ahreszeit. (j)
45. Sie müssen auch andere Möglichkeiten in ...etracht ...iehen. (b, z)
46. Eine Freundschaft ...erbricht nicht an einem ...issverständnis. (z, m)
47. Du kannst nur hoffen, dass dir jemand zu ...ilfe kommt. (h)
48. Hast du ...ust auf ein ...etränk ? (l, g)
49. Für beruflichen Erfolg muss man viel in ...auf ...ehmen. (k, n)
50. Sie hat ein ...oto von ihm gemacht. (f)
51. Ich würde gerne mit dem ...uto ...ahren. (a, f)
52. Für einen ...euanfang ist es ...ie zu spät. (n, n)
53. In der Schule musste ich noch ...aschine ...chreiben. (m, s)
54. Möchtest du eine ...uppe oder einen ...alat ? (s, s)
55. Worum geht es in dem ...heaterstück ? (t)
56. Heute gehe ich zum Stammtisch ...egel ...cheiben. (k, s)
57. Ich verstehe die ...elt nicht mehr. (w)
58. Seit sie so zugenommen hat, muss sie ...iät ...alten. (d, h)
59. Er ist immer schlecht ...elaunt und ...rantig. (g, g)
60. Die Entscheidung fiel ...u ...unsten des anderen Bewerbers aus. (z, g)
61. Beim letzten ...est habe ich nur ...ünfzehn Punkte erreicht. (t, f)
62. Du solltest nicht immer ...lles in ...rage stellen. (a, f)
63. Lass mich bitte in ...uhe ! (r)
64. Kannst du mir einen ...underter leihen ? (h)
65. In der ...ase stehen ...unkelrote ...osen. (v, d, r)
66. Mir fehlen unsere ...espräche. (g)

67. Was war denn ...eute ...orgen los ? (h, m)
68. Die ...reizehn ist ihre Glückszahl. (d)
69. Er würde dir niemals etwas zu ...eide ...un. (l, t)
70. In dieser Bäckerei gibt es lauter ...ute ...inge zu kaufen. (g, d)
71. Im Moment habe ich das ...efühl, nichts zu ...ege zu ...ringen. (g, w, b)
72. Sie bestellt sich eine ...asse ...ee. (t, t)
73. Sie sollten dieser Aufforderung ...olge ...eisten. (f, l)
74. Der ...aikäfer ist eigentlich ein ...chädling. (m, s)
75. Seit seinem Anfall muss er mit seinen Kräften ...aß ...alten. (m, h)
76. Nach seinem Urlaub am ...eer konnte er gut ...chwimmen. (m, s)
77. Wir werden im Urlaub viel ...ad ...ahren. (r, f)
78. Vor der ...peration muss der Arzt seine ...ände reinigen. (o, h)
79. Ich hoffe, du wirst niemals ...ot ...eiden. (n, l)
80. Sein ...enehmen ist ...nerhört. (b, u)
81. Warum muss er immer ...echt haben ? (r)
82. Jeder ...ettkampf beginnt mit dem ...tart. (w, s)
83. Wenn du so weitermachst, wirst du ...leitegehen. (p)
84. Kennst du die ...ösung des ...ätsels ? (l, r)
85. Ich glaube, er macht mit seiner ...rohung ...rnst. (d, e)
86. Man sollte das ...ell des ...undes oft bürsten. (f, h)
87. Er alleine trägt nicht ...chuld. (s)
88. Es soll ...orgen ...bend tatsächlich schön werden. (m, a)
89. Mein Vater wird mit seiner Vermutung ...echt ...ehalten. (r, b)
90. Ich freue mich schon auf die ...per. (o)
91. Der Bankräuber machte uns ...llen ...ngst und ...ange. (a, a, b)
92. Mit der ...ahrheit liegst du immer ...ichtig. (w, r)
93. Es ist ...etzten ...ndes doch gut ausgegangen. (l, e)
94. Für wann wurde die ...esprechung anberaumt ? (b)
95. Wir werden einander ...orgen ...ittag treffen. (m, m)
96. Der ...auf der ...eit lässt sich nicht aufhalten. (l, z)
97. Er wirkt auf mich nicht ...erade ...ertrauenerweckend. (g, v)
98. Ich will ihn nichts mehr ...itten. (b)
99. Wirst du oder dein ...egner vor Gericht ...echt ...ekommen ? (g, r, b)
100. Würdest du dir bitte diesen ...ertrag durchlesen ? (v)
101. Du solltest besser auf dich ...cht ...eben. (a, g)
102. Wenn ich ...üde bin, gehe ich ins ...ett. (m, b)
103. Sie blickte sich ...ilfe ...uchend um. (h, s)
104. Nächstes ...ahr bekommen wir einen ...euen ...ehrer. (j, n, l)
105. Ich hätte gerne ...ier ...emmeln. (v, s)
106. Du hast mir eine ...iesige ...nttäuschung bereitet. (r, e)

107. Er war immer der ...rste in seiner ...lasse. (e, k)
108. Die ...egentropfen klatschen gegen das ...enster. (r, f)
109. Sie wird noch an ihrem ...ummer zu ...runde ...ehen. (k, g, g)
110. Wenn ich ...roß bin, werde ich ...euerwehrmann. (g, f)
111. Mit dieser Anschuldigung hast du ...nrecht. (u)
112. In diesem ...tall stehen ...rei Ziegen und ...cht Kühe. (s, d, a)
113. Das Geschäft wird ...bermorgen ...ittag abgewickelt. (ü, m)
114. Du gehst mir ziemlich auf die ...erven. (n)
115. Was wirst du gegen den ...eplanten ...briss unternehmen ? (g, a)
116. Darf ich dieses Auto ...robe ...ahren ? (p, f)
117. Ich werde mich für diesen ...efallen revanchieren. (g)
118. Die ...erschlechterung der Krankheit ist ...esorgnis ...rregend. (v, b, e)
119. Wir haben ...estern ...bend bei dir angerufen. (g, a)
120. Ich habe meine ...eldbörse verloren. (g)
121. Kannst du ...alzer ...anzen ? (w, t)
122. Meine Freundin ist immer ...uten ...utes. (g, m)
123. Unser Onkel mag keine ...omaten. (t)
124. Die ...eißen ...onnenstrahlen brannten auf der ...aut. (h, s, h)
125. Seine Schwester hat ...wei ...öchter. (z, t)
126. Die Kinder werden vor lauter ...ufregung ...opfstehen. (a, k)
127. Fred hat den ...anzen ...eller ausgeräumt. (g, k)
128. Sie kommt mit den ...ünf Hunden einfach nicht zu ...ande. (f, r)
129. Mit diesem ...eschenk machst du mir eine ...reude. (g, f)
130. Kannst du mir bitte dein ...uch leihen ? (b)
131. Du sollst einem ...ritten gegenüber nicht so ...ffenherzig sein. (d, o)
132. Ich wünsche mir einen ...echser im ...otto. (s, l)
133. Im ...eptember machen wir ein großes ...est. (s, f)
134. Wann kommen die Kinder nach ...ause ? (h)
135. Du machst mir die ...ntscheidung nicht ...eicht. (e, l)
136. Ich habe mir nichts zu ...chulden ...ommen lassen. (s, k)
137. Am ...ontag fängt die ...chule wieder an. (m , s)
138. Wird sie das Fest zu ...tande ...ringen ? (s, b)
139. Ich werde jetzt die ...üche ...auber machen. (k, s)
140. Du musst für die ...ufgabe noch viel ...ernen. (a,l)
141. In der ...usstellung hängen ein paar schöne ...ilder. (a, b)
142. Die Untersuchung wird ...iniges zu ...age ...ördern. (e, t, f)
143. Mein alter Freund ist ...ranzose und kein ...ngländer. (f, e)
144. Ich hätte gerne eine ...rklärung. (e)
145. Für dein ...eiteres ...eben wünsche ich dir viel ...rfolg. (w, l, e)
146. Ein solches ...erhalten hätte ich ihm niemals ...ugetraut. (v, z)

ACHTUNG !	
Angst haben, machen	***angst und bange sein, bleiben, werden***
Gram haben	***gram sein, bleiben, werden***
Pleite machen	***pleite sein, bleiben, werden***
ABER:	***pleitegehen***
Schuld haben, tragen	***schuld sein, bleiben, werden***
Wert legen	***wert sein, bleiben, werden***
Ernst machen	***ernst sein, bleiben, werden, nehmen***
recht/Recht od. unrecht/Unrecht haben, behalten, tun, bekommen, geben	
ABER:	***recht sein, bleiben, werden***
leidtun, leid sein, bleiben, werden	

B: MERKE: *Man schreibt Wörter, die ihre hauptwörtliche Bedeutung* ***verloren*** *und die Stellung* ***anderer*** *Wortarten übernommen haben,* ***klein****.*
Wörter anderer Wortarten werden ***groß*** *geschrieben, wenn sie als* ***Substantive*** *gebraucht werden.*
Wenn ein ***Infinitiv*** *steht, ist oft unklar, ob hauptwörtlicher Gebrauch vorliegt oder nicht. In diesen Fall kann* ***sowohl groß-*** *als auch* ***klein****geschrieben werden.*
Aus einem Adjektiv wird nach folgenden Wörtern ein Nomen: ***allerlei, alle(s), etwas, genug, kein, mancherlei, manches, mehr, nichts, viel, wenig****.*

Setze in den folgenden Sätzen die in den Klammern stehenden Buchstaben in ihrer richtigen Form ein:

1. Die Vorstellung findet ...angels ...nteresse nicht statt. (m, i)
2. Er fährt ein ...unkelblaues Auto. (d)
3. Ich habe im ...ugenblick viel ...rbeit. (a, a)
4. In diesem Wald wird mir ...ngst und ...ange. (a, b)
5. Darf ich an diesem Wettbewerb ...eilnehmen ? (t)
6. Ich bin es ...eid, dauernd auf deinen ...nruf zu warten. (l, a)
7. Er kann ...aut seinem Arzt nicht in den ...rlaub fliegen. (l, u)
8. Ich verstehe deine ...ufregung gar nicht. (a)
9. Das ...ssen war heute ...esonders gut. (e, b)
10. Zum ...affeekochen brauchst du ...eißes Wasser. (k, h)
11. Mit diesem ...ufsatz gebe ich mich nur fürs ...rste zufrieden. (a, e)
12. Wenn sie ihn sieht, bekommt sie immer ...erzklopfen. (h)

13. Beim ...estrigen Buffet gab es ...üßes und ...aures zu essen. (g, s, s)
14. Sie hat ...ingesehen, dass es ...orbei ist. (e, v)
15. Ich bin auf ...nraten meines Anwaltes hier. (a)
16. Wir machen keinen Unterschied zwischen ...ein und ...ein. (d, m)
17. In diesem Haus herrschen nur ...urcheinander und ...haos. (d, c)
18. Sie fühlt sich ...orgens immer sehr ...chlecht. (m, s)
19. Ich denke, wir werden uns im ...esentlichen einigen. (w)
20. Wann bekomme ich deinen ...ericht ? (b)
21. Mit seiner ...emerkung traf er ins ...chwarze. (b, s)
22. Die ...ngestellten dieser Firma haben nichts zu ...achen. (a, l)
23. Mir fällt allerlei ...pannendes ein. (s)
24. Der alte Mann hat leider das ...eitliche gesegnet. (z)
25. Für mich ist das ...aufen das einzig ...ahre. (l, w)
26. In unserer Beziehung gibt es ein ständiges ...uf und ...b. (a, a)
27. Die Feier wurde bis ins ...leinste vorbereitet. (k)
28. Fred brachte vor ...taunen den Mund nicht mehr zu. (s)
29. Diese ...ntscheidung ist wirklich nur zu deinem ...esten. (e, b)
30. Er kann kein ...ein akzeptieren. (n)
31. Ich habe heute ...acht furchtbar schlecht geträumt. (n)
32. Dieses Theaterstück ist etwas für ...ung und ...lt. (j, a)
33. Seit seinem letzten Casinobesuch ist er ...leite. (p)
34. Sie wird oft an diese ...eit ...urückdenken. (z, z)
35. Die beiden ...eben nur mehr für das ...etzt und ...ier. (l, j, h)
36. Ich möchte, dass du mit dem ...auchen ...ufhörst. (r, a)
37. Der ...erurteilte bittet um ...nade. (v, g)
38. Ich habe schon genug ...chlechtes gehört. (s)
39. Sie dachte nicht im ...ntferntesten daran, etwas zu ...tehlen. (e, s)
40. Alle ...pieler müssen sich an die ...egeln halten. (s, r)
41. Es ist für alle ...eteiligten das ...este, wenn wir jetzt gehen. (b, b)
42. Fast jeder Mensch träumt von einem ...aus im ...rünen. (h, g)
43. Ich brauche dein ...erständnis. (v)
44. Mit der ...rziehung Ihrer Kinder liegt es ziemlich im ...rgen. (e, a)
45. Sie dachte ...nfangs, es wäre eine gute ...dee. (a, i)
46. Es war mir ein ...eichtes, ihm zu ...ergeben. (l, v)
47. Es ist ...erboten, ...bseits der Pisten zu fahren. (v, a)
48. Mcinc Schwester schaffte die Matura mit ...ch und ...rach. (a, k)
49. Er kann sich an manches ...eschehene nicht erinnern. (g)
50. Ich will nicht, dass du später einmal vor dem ...ichts stehst. (n)
51. Der Professor ist nicht mehr auf dem ...aufenden. (l)
52. Wann wirst du die ...anze ...ache vergessen haben ? (g, s)

53. Man sollte nicht immer ...leiches mit ...leichem vergelten. (g, g)
54. Bei dieser Bestellung musst du im ...oraus bezahlen. (v)
55. Dieser ...rozess wird sich noch ...wig hinziehen. (p, e)
56. Im ...achhinein ist man immer ...lüger. (n, k)
57. Mein Hund ist ein ...r und keine ...ie. (e, s)
58. Es ist schlimm, dass noch ...iele Kinder ...ungers sterben. (v, h)
59. Wir haben das Thema schon des ...angen und ...reiten diskutiert. (l, b)
60. Er bekommt noch seine ...erechte ...trafe. (g, s)
61. Dieses Kleid ist in ...lau und in ...ot erhältlich. (b, r)
62. Beim Slalom kam er als ...rster ins Ziel. (e)
63. Hast du nicht genug ...öses von dir gegeben ? (b)
64. Vor der ...erabredung habe ich noch ...erschiedenes zu tun. (v, v)
65. Ich möchte das ...anze schnell erledigt haben. (g)
66. Bei dem Konzert wurde ...eder ...inzelne kontrolliert. (j, e)
67. Er hat ihr zum ...bschied ein teures ...eschenk gekauft. (a, g)
68. Morgen klären wir ...lles ...brige. (a, ü)
69. Nach der ...rennung musste sie mit ...ich ins ...eine kommen. (t, s, r)
70. Nach dem Unfall lernt sie jetzt wieder ...ehen. (g)
71. Als sie sich dazu entschloss, gab es für sie kein ...orgen mehr. (m)
72. Wir haben heute ...laue und ...rüne Hosen gekauft. (b, g)
73. In der ...remde fehlen mir die ...einen wirklich sehr. (f, m)
74. Gilt die Entscheidung mir, gibt es kein ...enn und ...ber mehr. (w, a)
75. Warum gibt es kein ...eben auf dem ...ond ? (l, m)
76. Sie will dem Lehrer immer alles ...echtens machen. (r)
77. Der Mörder wurde ...ittels ...ingerabdruck überführt. (m, f)
78. Der ...nbekannte gab sich nicht zu ...rkennen. (u, e)
79. Sein ...ögern wird ...llmählich langweilig. (z, a)
80. Ich habe dir etwas ...ichtiges zu erzählen. (w)
81. Wir haben die Vorstellung bis ins ...leinste ...etail geplant. (k, d)
82. Darf ich Ihnen etwas ...nbieten ? (a)
83. Ich bin schon auf das ...chlimmste gefasst. (s)
84. Jeder ...ierte stimmte bei der Volksabstimmung ...agegen. (v, d)
85. Sie hat ...ank seiner ...ilfe alles gut überstanden. (d, h)
86. Ich freue mich auf ein ...iedersehen. (w)
87. Meine Mutter spielt ...onnerstags immer ...ennis. (d, t)
88. Er ist an dem Autounfall nicht ...chuld. (s)
89. Im Kreuzungsbereich ist das ...mdrehen nicht ...rlaubt. (u, e)
90. Die Aufgabe ist ...ittels ...rozentrechnung zu lösen. (m, p)
91. Sie versucht, auf ...iegen und ...rechen zu siegen. (b, b)
92. Du wirst den ...prung schaffen. (s)

93. Mit deinem Egoismus schränkst du die ...echte ...ritter ein. (r, d)
94. In der Arztpraxis: „Der ...ächste, bitte !“ (n)
95. Er fordert eine große ...ntschädigung. (e)
96. Für unseren Vertrag haben wir ...olgendes vereinbart. (f)
97. Sie möchte um ihrer ...elbst ...illen geheiratet werden. (s, w)
98. Mein Onkel will seinen ...osten wechseln. (p)
99. Das Geld stammt ...eils von mir und ...eils von ihr. (t, t)
100. Der Held wurde nicht einmal ...ngesichts des ..odes ängstlich. (a, t)
101. Hast du ...rot und ...utter eingekauft ? (b, b)
102. Bei seiner ...at dachte er nicht an das ...anach. (t, d)
103. Möchtest du den ...elben oder den ...oten Pullover ? (g, r)
104. Es kommt immer auf das ...ie an. (w)
105. Der frisch ...perierte ging schon am Gang ...pazieren. (o, s)
106. Heute ereignete sich ein ...olgenschwerer ...nfall. (f, u)
107. Im Schwimmbad ist das ...angenspielen verboten. (f)
108. Entscheide dich zwischen dem ...ntweder und dem ...der. (e, o)
109. Leihst du mir bitte deinen ...agen ? (w)
110. Bei dieser Geschichte vergeht einem ...ören und ...ehen. (h, s)
111. Ich bin wirklich nicht ...illens, alles zu ...iederholen. (w, w)
112. Diese Schauspielerin hat das ...ewisse ...twas. (g, e)
113. Ich freue mich schon auf den ...ommer. (s)
114. Morgen werde ich meiner ...achbarin das ...u anbieten. (n, d)
115. Sie hat ...chnupfen und ...usten. (s, h)
116. Manchmal ist es ...chwierig, die ...ichtigen ...orte zu finden. (s, r, w)
117. Wir sollten ...lles beim ...lten lassen. (a, a)
118. Mit welchem ...ug kommt er an ? (z)
119. Wir möchten Ihnen ...amens unserer ...elegschaft gratulieren. (n, b)
120. In der Schule tut er sich nicht ...eicht. (l)
121. Dieser Kurs findet immer ...bends ...tatt. (a, s)
122. Sie hat ihn ...eit ihres ...ebens geliebt. (z, l)
123. Meine kleine Nichte lernt ...esen. (l)
124. Wir hörten ein ...autes ...rollen. (l, g)
125. Ich erkläre Sie ...raft meines Amtes zu ...ann und ...rau. (k, m, f)
126. Ihre Fremdsprachenkenntnisse waren das ...usschlaggebende. (a)
127. Alle ...chüler sitzen auf ihren ...lätzen. (s, p)
128. Der Hirsch wurde mit einem ...chuss ins ...enseits befördert. (s, j)
129. Das ...ewaschene hängt auf der ...äscheleine. (g, w)
130. Die Aufgabe wurde mir schon des ...äheren erklärt. (n)
131. Fred ist ...ntelligent und ...leißig. (i, f)
132. Ich möchte dir für deinen ...eistand ...anken. (b, d)

133. Ich kenne mich im ...llgemeinen nicht aus. (a)
134. Darf ich noch etwas ...esen ? (l)
135. Beim ...inkauf hat er nicht das ...ichtige gefunden. (e, r)
136. Warum hat sie eine ...bneigung gegen mich ? (a)
137. Ihr grundsätzliches ...ber hindert uns am ...orankommen. (a, v)
138. Hörst du gerne ...usik ? (m)
139. Dein ewiges ...in und ...er macht mich ...ervös. (h, h, n)
140. Ich wünsche dir ein ...chönes ...ochenende. (s, w)
141. Auf einer Baustelle kann ...indern alles ...ögliche passieren. (k, m)
142. Wir möchten ihnen nicht ...egegnen. (b)
143. Sie ist schon auf das ...nfassbare vorbereitet. (u)
144. Unsere ...lteste feiert heute ihren ...ehnten Geburtstag. (ä, z)
145. Die Begegnung endete mit ...treit und ...ank. (s, z)
146. Wirst du mir ...chreiben ? (s)
147. Meine Mutter denkt im ...esentlichen genauso wie ...u. (w, d)
148. Die Reise war ...eschwerlich und ...nstrengend. (b, a)
149. Er ist mit mir im ...roßen und ...anzen zufrieden. (g, g)
150. Ich werde das Geheimnis nicht ...reisgeben. (p)
151. Sie führt nichts ...utes im ...childe. (g, s)
152. Ich mag keine ...ilme, die zum ...einen sind. (f, w)
153. Es wird ...eitens der Familie keine Einwände geben. (s)
154. Er gab ein ...chönes Lied zum ...esten. (s, b)
155. Auf einmal drang ein ...ichtstrahl aus dem ...unkeln. (l, d)
156. Die Untersuchung ergab nur wenig ...nteressantes. (i)
157. Worin liegt das ...roblem ? (p)
158. Deine Mutter wollte dich nur vor dem ...rgsten bewahren. (ä)
159. Lass dich von ihm nicht ...rreführen. (i)
160. Meine ...ante kann wirklich gut ...ochen. (t, k)
161. Wir haben ...emeinsam schon viel ...chönes erlebt. (g, s)
162. Das war nicht viel, aber im ...olgenden sehen Sie mehr. (f)
163. Ich gehe nicht gerne im ...unkeln ...achhause. (d, n)
164. In diesem See ist das ...chwimmen erlaubt. (s)
165. Das musst du als ...etztes tun. (l)
166. Würdest du mir das bitte im ...inzelnen erklären ? (e)
167. Er wird mich ...leich ...bholen. (g, a)
168. In diesem Fall müssen wir auf das ...ußerste gefasst sein. (ä)
169. Warum ist der ...eschenkte so ...ndankbar. (b, u)
170. Ich kenne den ...ext dieses ...iedes auswendig. (t, l)
171. Das ...andhaben dieser ...aschine ist wirklich einfach. (h, m)
172. Endlich habe ich den ...rrtum meines ...ebens eingesehen. (i, l)

> ***C: MERKE**: In manchen Fällen schreibt man **Adjektive**, **Partizipien** und **Pronomen klein**, obwohl sie nach außen die Form eines hauptwörtlichen Gebrauches aufweisen. Einige feste **adverbiale** Wendungen aus **Präposition** und **Adjektiv** werden weiterhin **klein**geschrieben. Eine Großschreibung ist jedoch bei bestimmten festen Verbindungen von Präposition und Adjektiv ebenfalls zulässig.*

Setze in den folgenden Sätzen die in den Klammern stehenden Buchstaben in ihrer richtigen Form ein:

1. Können wir nicht von ...orne beginnen ? (v)
2. Was gibt es ...nteressantes ? (i)
3. Er war der ...lügste und ...este meiner Studenten. (k, b)
4. Was ...ünf wissen, wissen bald ...ünfzig. (f, f)
5. Können wir ...arüber reden ? (r)
6. Über ...urz oder ...ang wirst du neue Freunde finden. (k, l)
7. Dieser Film gefällt mir am ...esten. (b)
8. Auf der Feier habe ich mich mit ...iesem und ...enem unterhalten. (d, j)
9. Wir werden uns auf einen ...affee treffen. (k)
10. Mit meinem ...esten Freund gehe ich durch ...ick und ...ünn. (b, d, d)
11. In diesem ...uch fehlt das Kapitel ...cht. (b, a)
12. Sie ist leider die ...ümmste meiner Schülerinnen. (d)
13. Wenn du ...twas willst, musst du ...arum kämpfen. (e, d)
14. Ich sehe mir Blusen an, die ...estreiften und die ...arierten. (g, k)
15. Sein Auto ist mit ...bstand am ...chnellsten. (a, s)
16. Das Schiff war schon von ...eitem zu sehen. (w)
17. Die beiden führen eine ...ute ...he. (g, e)
18. Ich war von ...lein auf ein fröhliches ...ind. (k, k)
19. Sie denkt über ...ergangenes nach. (v)
20. Wir wurden von seinen ...ltern auf das ...erzlichste begrüßt. (e, h)
21. Unsere Ware wird nur gegen ...ar ausgehändigt. (b)
22. Würdest du bitte auf meine ...leine aufpassen ? (k)
23. Alte ...eine sind meistens teurer als nicht so ...lte. (w, a)
24. Müsst ihr denn im ...orn ...bschied nehmen ? (z, a)
25. Das war das ...ichtigste, alles ...ndere berichte ich dir später. (w, a)
26. Fred rief mich um ...echs an. (s)
27. Ich habe eine ...ute und eine ...chlechte ...achricht. (g, s, n)
28. Die Kinder sind im Garten, die ...leinen und die ...rößeren. (k, g)
29. Ich wünsche mir das schon seit ...angem. (l)
30. Das Mittagessen machte ...att und ...chläfrig. (s, s)

31. Bei dem Kurs waren wir an die ...wanzig. (z)
32. Die Leute kamen von ...ah und ..ern, um ihn zu sehen. (n, f)
33. Wir finden uns schon ...urecht. (z)
34. Hier findest du die ...ünnen Jacken, die ...icken hole ich gleich. (d, d)
35. Diese Rechnung lässt sich auf das ...infachste lösen. (e)
36. Schon ...iele haben das ...eue Produkt ausprobiert. (v, n)
37. Beim ...ufräumen war nur ...eniges zu tun. (a, w)
38. Sie wollte ...pätestens um ...eun da sein. (s, n)
39. Seit ...euem siehst du alles ...rau in ...rau. (n, g, g)
40. Es sind ...ünf Schüler da, auf den ...echsten warten wir noch. (f, s)
41. Das Geschäft ist bis auf ...eiteres geschlossen. (w)
42. Nichts hat nur ...orteile. (v)
43. Euer ...treit beginnt immer wieder von ...euem. (s, n)
44. Ich habe bei der Prüfung am ...chlechtesten abgeschnitten. (s)
45. Ich möchte Ihnen ...ielmals danken. (v)
46. Dieses Buch ist ...angweilig und gar nicht ...pannend. (l, s)
47. Die ...eisten haben sich schon entschieden. (m)
48. Herz und ...erstand denken nicht immer ...leich. (v, g)
49. Sie hat mir das Geld ohne ...eiteres gegeben. (w)
50. Es stehen Autos in der Garage, ...rüne und ...eiße. (g, w)
51. Dieser Berg ist am ...teilsten. (s)
52. Ich finde, ...eder muss für ...ich arbeiten. (j, s)
53. Kannst du dich an den ...etzten ...rlaub erinnern ? (l, u)
54. Wenn ich einmal groß bin, werde ich ...och. (k)
55. Ich bin hier fremd, aber diese ...rei kenne ich. (d)
56. Unsere ...eise führte uns in ...erne Länder. (r, f)
57. Wir haben ...ieben neue Schüler in unserer ...lasse. (s, k)
58. Sie hat ihr ein paar schöne Dinge gesagt, aber auch ...ässliche. (h)
59. Ich werde mit ...eiden reden. (b)
60. Unser ...espräch war sehr ...ufschlussreich. (g, a)
61. Diese Torte ist am ...einsten. (f)
62. Schon ...ancher ist an dieser ...ufgabe gescheitert. (m, a)
63. Wir haben einen ...trohstern gebastelt. (s)
64. So ist es, die ...inen gehen, die ...nderen kommen. (e, a)
65. Die ...ohen Gläser stehen ...inks im Regal, die ...reiten rechts. (h, l, b)
66. Ich beobachte oft die ...iere beim ...ressen. (t, f)
67. Es war ein ...irklich ...chöner ...bend. (w, s, a)
68. Die ...rennung fällt mir am ...chwersten. (t, s)
69. Alles wird wieder ...ut. (g)
70. Wir warten auf ein ...eues Spiel. (n)
71. Er war der ...reueste meiner ...reunde. (t, f)

D: MERKE:* Eigennamen** *werden* ***groß**geschrieben. In* ***mehrteiligen *Eigennamen werden* ***Adjektive, Partizipien*** *und* ***Numeralien*** ***groß**geschrieben, wenn sie Bestandteil des Namens sind. Zu den Eigennamen zählt man neben Personennamen auch Namen bestimmter Bauwerke und Örtlichkeiten, Namen von Instituten, Organisationen, Parteien, Verbänden, Vereinen, Firmen, Betrieben und Zeitungen. Ableitungen von geographischen Eigennamen, die mit* ***-er*** *enden, werden* ***groß**geschrieben.* ***Adjektivische*** *Ableitungen von Eigennamen, die auf* ***-isch*** *enden, werden* ***klein**geschrieben.*

Setze in den folgenden Sätzen die in den Klammern stehenden Buchstaben richtig ein:

1. Ihr neuer Freund heißt ...ohannes. (j)
2. Unsere nächste Reise führt uns nach ...sien. (a)
3. Walther ...on ...er ...ogelweide war ein Dichter im Mittelalter. (v, d, v)
4. Wo liegt der ...ndische ...zean ? (i, o)
5. Er wählte heuer die ...ozialdemokratische ...artei. (s, p)
6. Der ...liegende ...olländer wurde von R. ...agner komponiert. (f, h, w)
7. Darüber entscheidet das ...lympische ...omitee. (o, k)
8. Wir übernachten im Hotel ...ier ...ahreszeiten. (v, j)
9. Die ...iroler ...evölkerung reagierte bestürzt. (t, b)
10. In Deutsch besprechen wir gerade die ...chillerschen Dramen. (s)
11. Der ...iener ...rater ist einen Besuch wert. (w, p)
12. Er trinkt jeden Tag ...ussischen ...odka. (r, w)
13. Wann kommt ...sabella ? (i)
14. Wir segelten bis zum ...ap der ...uten ...offnung. (k, g, h)
15. Mein Lieblingskomponist ist ...olfgang ...madeus ...ozart. (w, a, m)
16. Die Radtour führte Fred über den ...roßglockner. (g)
17. Seit neuestem bewegt sie sich in der ...ew ...orker ...zene. (n, y, s)
18. Mein Kleid ist aus ...hailändischer ...eide. (t, s)
19. Die ...laue ...oschee ist für mich die schönste in Istanbul. (b, m)
20. Er schreibt ein Buch über ...atharina die ...roße. (k, g)
21. Kennst du die ...ohen ...auern ? (h, t)
22. Er hat in ...nnsbruck studiert. (i)
23. Sie fliegt jedes Jahr nach ...ondon. (l)
24. Wer war ...einrich ...er ...chte ? (h, d, a)
25. Das ...sterreichische ...ote ...reuz hilft immer. (ö, r, k)
26. Das ...aturhistorische ...useum musst du besuchen. (n, m)

27. Die beiden mögen die Oper ...adame ...utterfly. (m, b)
28. In einer klaren Nacht sieht man den ...roßen ...agen. (g, w)
29. Der ...chiefe ...urm von Pisa ist eine Sensation. (s, t)
30. Ich mag kein ...nglisches ...ier. (e, b)
31. Das ...lagenfurter ...ahrzeichen ist der Lindwurm. (k, w)
32. Sie kennt sich in der ...ariser ...odewelt gut aus. (p, m)
33. Die ...ereinten ...ationen tagen gerade in ...erlin. (v, n, b)
34. Er abonniert die ...rankfurter ...llgemeine ...eitung. (f, a, z)
35. Die ...panische ...ofreitschule ist eine Attraktion Wiens. (s, h)
36. Bitte erkläre mir die ...insteinsche ...leichung. (e, g)
37. Wir treffen uns im Restaurant ...oldener ...irsch. (g, h)
38. Die ...inzer ...rzte sind gegen dieses Experiment. (l, ä)
39. Sie wohnt am ...lten ...arkt. (a, m)
40. Bringst du mir bitte einen ...ndischen ...ee mit ? (i, t)
41. Ich habe Karten für die ...regenzer ...estspiele. (b, f)
42. Ich sehe den ...leinen ...ären am Himmel. (k, b)
43. Wir machten eine Wanderung durch den ...ayerischen ...ald. (b, w)
44. Sie liebt ...ürkischen ...onig. (t, h)
45. Prag nennt man auch die ...oldene ...tadt. (g, s)
46. Der ...achauer ...ein ist mir zu herb. (w, w)
47. Ich habe am liebsten ...ranzösisches ...arfum. (f, p)
48. Im Fernsehen spricht der Präsident der ...ereinigten ...taaten. (v, s)
49. Hast du etwas von ...artin gehört ? (m)
50. Sie ist der ...eutschen Sprache nicht mächtig. (d)
51. Wir haben ein Haus am ...ttersee. (a)
52. Seinen nächsten Urlaub verbringt er am ...oten ...eer. (r, m)
53. Wir fuhren mit einem Leihwagen quer durch ...ordamerika. (n)
54. Sie ist allergisch auf ...chweizer ...äse. (s, k)
55. Sie kaufte am Markt ...unesische ...atteln. (t, d)
56. Ich halte ein Referat über ...lisabeth die ...weite. (e, z)
57. Ludwig ...an ...eethoven wurde taub. (v, b)
58. Der ...sterreichische ...aiffeisenverband ist sehr einflussreich. (ö, r)
59. Der Flamenco ist ein ...panischer ...anz. (s, t)
60. Unser Sohn wird auf den ...amen ...lexander getauft. (n, a)
61. Ich möchte so gerne nach ...alzburg fahren. (s)
62. Wir kaufen uns einen ...eutschen ...chäferhund. (d, s)
63. Das ...razer ...heater ist sehr bekannt. (g, t)
64. Ich bekomme einen ...ersischen ...eppich geschenkt. (p, t)
65. Er bestellt sich die ...hirurgische ...onatsschrift. (c, m)
66. Sie wohnt in der ...ünchner Straße. (m)

__E: MERKE__: In hauptwörtlichen Wortgruppen, die zwar keine Eigennamen, aber zu __festen__ Verbindungen geworden sind, schreibt man die __Adjektive__ klein. In bestimmten hauptwörtlichen Wortgruppen werden __Adjektive groß__geschrieben, obwohl __keine__ Eigennamen vorliegen (Titel; Ehrenbezeichnungen; Arten und Rassen der Biologie; besondere Kalendertage; historische Ereignisse und Epochen).

Setze in den folgenden Sätzen die in den Klammern stehenden Buchstaben richtig ein:

1. Wir feiern den ...eiligen ...bend mit meinen Eltern. (h, a)
2. Heute wurde mir der ...echnische ...irektor vorgestellt. (t, d)
3. Der ...rste ..ai ist heuer ein ...onntag. (e, m, s)
4. Ich wünsche dir viel Glück im ...euen ...ahr ! (n, j)
5. Sie beschäftigt sich mit ...öherer ...athematik. (h, m)
6. Die ...chwarze ...itwe ist eine sehr giftige Spinne. (s, w)
7. Es zählt nur der ...lympische ...edanke. (o, g)
8. Sie drehen einen Film über die ...ranzösische ...evolution. (f, r)
9. Die ...önigliche ...oheit hat schon Platz genommen. (k, h)
10. Er glaubt, er hat das ...roße ...os gezogen. (g, l)
11. Meine Großeltern feiern die ...oldene ...ochzeit. (g, h)
12. Ich mag seinen ...chwarzen ...umor. (s, h)
13. Das ...leißige ...ieschen ist eine dankbare Pflanze. (f, l)
14. Für den ...riechischen ...alat brauchst du auch Oliven. (g, s)
15. Morgen findet der ...nternationale ...idstag statt. (i, a)
16. Der Biss der ...rünen ...amba ist tödlich. (g, m)
17. In Geschichte hören wir etwas über die ...oldene ...ulle. (g, b)
18. Sie ist das ...chwarze ...chaf der Familie. (s, s)
19. Der Fußballspieler bekommt die ...ote ...arte. (r, k)
20. Das Buch handelt vom ...rsten ...eltkrieg. (e, w)
21. Mit der ...alschen ...exe rede ich kein Wort. (f, h)
22. Die Ausschreibung hängt am ...chwarzen ...rett. (s, b)
23. Fred ist ein ...chlauer ...uchs. (s, f)
24. Erzähle mir etwas vom ...iebenjährigen ...rieg. (s, k)
25. Ich glaube nicht an das Märchen der ...ösen ...tiefmutter. (b, s)
26. Sie hat sich für die ...oldene ...itte entschieden. (g, m)
27. Auf welchen Tag fällt heuer der ...eiße ...onntag ? (w, s)
28. Meine Tochter bekommt dieses Jahr einen ...lauen ...rief. (b, b)
29. Sein Klient sitzt jetzt hinter ...chwedischen ...ardinen. (s, g)

***F: MERKE**: Das Anredepronomen **du** und **ihr**, die entsprechenden Possessivpronomen **dein** und **euer** und das Reflexivpronomen **sich** werden **klein**geschrieben. In Briefen können die Anredepronomen **du** und **ihr** mit ihren Possessivpronomen auch **groß**geschrieben werden. Das Anredepronomen **Sie** und das entsprechende Possessivpronomen **Ihr** und ihre jeweiligen Formen schreibt man **groß**.*

Setze in den folgenden Sätzen die Anfangsbuchstaben aller passenden Pronomen richtig ein:

1. „Wie geht es ...ir ?"
2. „Ich glaube, ...hr solltet ins Bett gehen."
3. „Was machst ...u gerade ?"
4. Er möchte ...ie sprechen.
5. Sie ist um ...uer Wohl besorgt. (Brief)
6. „Ich habe mit ...einer Mutter gegessen."
7. Wir haben schon viel von ...hnen gehört.
8. „Der Trainer hat schon mit ...uch gesprochen."
9. Er denkt an ...ich. (Brief)
10. Gibt es ...hrerseits irgendwelche Einwände ?
11. „Wir suchen ...ure Kinder."
12. Fred kann ...ich nicht erinnern.
13. „Wo ist ...ein Aufsatz ?"
14. „Das ist ...uer neuer Mitschüler."
15. Sie ist auf ...eine Hilfe angewiesen. (Brief)
16. „Wo bleibt ...hr denn ?"
17. „Ich finde, ...u bist ziemlich frech."
18. „...hr müsst ...uch beeilen !"
19. „Wie beurteilst ...u die Lage ...einerseits ?"
20. Ich war bei ...einer Lehrerin. (Brief)
21. „Was passiert mit ...uren Sachen ?"
22. Wir sind ...hnen zu Dank verpflichtet.
23. Man kann es ...ich sehr schwer vorstellen.
24. Ich möchte ...ich treffen. (Brief)
25. Ich weiß, dass ...ie ein großes Herz haben.
26. „Er hat ...ein Selbstbewusstsein untergraben."
27. Wie steht es um ...hre Gesundheit ?
28. ...eine Sorgen möchte ich haben !
29. Ich möchte ...hnen keine Unannehmlichkeiten bereiten.
30. Wir werden ...ie nie vergessen.
31. ...ie sollten ...ich drehen.

TEIL V: WIEDERHOLUNGSÜBUNGEN

*Der **Wiederholungsteil** ist dazu da, die Inhalte der bereits absolvierten Übungen in zusammenhängenden Texten nun richtig anzuwenden. Dabei ist es wichtig, dass die eingesetzten Buchstaben auch den richtigen **Sinn** ergeben.*

Schwierigkeitsgrade: * **leicht**
** **mittel**
*** **schwierig**

Setze in den folgenden Texten die fehlenden Buchstaben richtig ein und beachte dabei auch die Groß- und Kleinschreibung:

1) Radiomeldung (**)

Linz. Heute ...ormittag wurde gegen ...ehn am Froschberg die ...iliale der ...llgemeinen ...parkasse überfallen. Der bisher ...nbekannte Täter bedr...te die Ka...iererin mit einer ...istole und bef...l ...hr, seine mitgebrachte Spor...asche mit Geld zu fü...en. Er konnte zweihunder...ausend Euro in ...ar erbeuten. Einem ...nderen Angeste...ten gelang es ...wischenz...tlich, den Al...rm auszulösen, was dem Täter a...erdings nicht en...gangen sein dürfte. Er n...m die mit Geld gefü...te Tasche und richtete darau...hin seine Wa...e auf die ...nzige Ku...din, die ...ich zu diesem Zeit...unkt in der Bank befunden ha...e.
Der Täter ko...te noch vor dem Eintre...en der Polizei fl...chten. Es f...lt von ihm und der in seiner Gewal... befin...lichen G...sel jede ...pur. Laut Au...agen einiger Pa...anten dürfte der mutma...liche Täter mit einem ...oten ...agen geflüchtet sein. Was die Marke des Autos anlangt, ta...t die Polizei a...erdings im ...unkeln. Gesucht wird nun ein Mann ...itte ...reißig, gro... und schlank, mit kurzen braunen H...ren und einem ...lauen Jogginganzug bekl...det. Die Polizei bi...et die Be...ölkerung um ...hre Mi...hilfe. Alle ...achdienliche Hinwei...e werden in jeder Polizeidienstste...e entgegengeno...en. Unser Sender wird ...ie stündlich auf dem ...aufenden halten.

2) Lieber Helmut ! (*)

Ich ho...e, es geht dir gut und du genie...t deine Ferien, was man von mir überhau...t nicht behau...ten ka... .
Mir geht es l...der gar nicht gut, de... ich habe mir beim ...pielen das Bein gebr...chen. Du wi...st je...t sicher wi...en wo...en, wie man sich beim ...pielen so verle...en ka... .
Nun, ich bin mit meinem kleinen Br...der im Gar...en gewesen und wir wo...ten uns in dem gro...en Baum, der gan... nah am Gartenzaun st...t, ein Baumhaus bauen. Doch als ich die Leiter an den Baum gel...nt hatte und hinau...steigen wollte, rutsch...e ich mit einem Fu... von der Spro...e ab und ...iel auf die W...se.
Es tat furcht...ar w... und mir wurde vor lauter Schmer... gan... schlecht. Als ich mer...te, da... ich den Fu... nicht mehr bela...ten ko...te, r...f ich nach meiner Mu...er und die f...r mit mir sofort ins Kran...enhaus.
Dort bek...m ich da... einen L...gegi...s und zwei Krü...en verpa...t. Es war einfach schre...lich.
Je...t l...ge ich schon sei... zwei W...chen auf meinem So...a und darf so gut wie g...r nicht aufstehen. Ich sehe beim ...enster hinaus und würde so gerne im ...reien herumto...en, aber das hat mir der Ar...t l...der verb...ten. Also l...se ich viele ...ücher, die mir mein ...ater bes...rgt und h...re nebenbei Musi... .
Und da... ausgerechnet in den Ferien. Warum ko...te mir das nicht w...rend der Schulzeit pa...ieren ? Da kö...te ich wenigstens zu Hause bleiben, aber so ist es wir...lich zum ...einen.
Aber ich erz...le nur von mir. Was gibt es bei dir ...eues ? Warst du schon irgen...wo auf Urlau... ? Ihr wo...tet doch mit dem W...nwagen nach Italien f...ren, nicht w...r ? Habt ihr das auch wir...lich gemacht ? Ich war mit meiner Fa...ilie le...tes Jahr in Rom und es hat mir w...nsinnig gut gefa...en.
We... du von deiner Rei...e schon zurü... sein so...test und ein bi...chen Zeit ü...rig hast, da... würde ich mich echt fr...en, wenn du mich einm...l besuchen würdest. Wir kö...ten vie...eicht gemeins...m etwas ...pielen. Da... wäre mir nicht i...er so langweilig. Bi...e melde dich bald !

Liebe Grü...e
...ein Frank

3) Der Verkehrsunfall (***)

Gestern ...acht er...gnete sich auf der Mozartkreu...ung in Linz ein ...olgenschwerer Unfa... . Es war kur... nach 22.00 Uhr, als der ...inzer Taxilen...er Markus H. sich mit seinem Pkw der Kreu...ung n...erte. Er dürfte mit ...berhöhter ...eschwindigkeit unterwegs und dazu unaufmer...sam gewesen sein, denn er mer...te nicht, da... die A...pel ...ereits auf ...elb gescha...tet war und fuhr, ohne auf den Sch...nenverkehr zu ...chten, in die Kreu...ung ein.

Im ...achhinein gab Markus H. an, da... er die Stra...enbahn w...l gesehen habe, er sich aber gedacht ha...e, da... diese ...wecks ...ussteigens der Fahrgäste noch länger stehen ...leiben werde, und er de...halb ohne ...eiteres weiterfahren kö...e. Die Stra...enbahn war aber schon zur ...bfahrt berei... und fuhr ebenfa...s los. Markus H. gelang es nicht einm...l mehr im ...ntferntesten zu ...remsen und es kam zu einem gewa...tigen Zusammensto... der ...eiden, wobei einer der Fahrg...ste des Taxis ...ebensgef...rlich verle...t wurde. Markus H. leistete tro... eigener Verle...ungen sofort ...rste ...ilfe. Auch einige Insa...en der Stra...enbahn bedurften ...otär...tlicher Betr...ung, da sie durch den Aufpra... von ihren Sitzplä...en geschleudert wurden. Von ...enen befindet sich a...erdings ...iemand in Lebensgef...r .

Ein Fahrgast, der bei dem Unfa... noch mit dem Schre...en da...ongekommen war, gab bei seiner ...efragung an, da... ihm wirklich ...ören und ...ehen vergangen wäre und er noch i...er unter Scho... stehe. Er sei froh, da... er alleine ...nterwegs gewesen und die ...einen zu ...ause geblieben waren.

Man brachte die schwerer verle...ten Unfa...o...fer in das ...llgemeine Krankenhaus ...inz, da... die ...ersorgung ...rompt und kompe...ent übern...m.

Die Mozartkreu...ung mu...te auf ...rund dieser Vorkommni...e für längere Zeit gespe...t werden, ist aber seit ein ...aar Stunden wieder pa...ierbar. Bis auf diesen Unfa... blieb es ...estern ruhig auf den ...berösterreichischen Stra...en.

Unsere Reda...tion wünscht allen ...esern einen Tag ohne Stre....itutionen und eine gute ...ahrt!

4) Liebes Tagebuch (*)

Heute ist der zweiundzwanzi...ste M... und es ist furchtbar schw...l. In einem ...oment bre...t die So...e vom Hi...el – in der n...chsten Se...unde ...rasselt ein R...genschauer aus schwar...en Wol...en. Man wei... überhau...t nicht, was man anz...hen soll.
Ich si...e im ...ugenblick vor dem Fer...seher und überl...ge, was ich mit meinem fr...en Tag noch mache. Vie...eicht gehe ich schwi...en oder ich besuche meine be...te Fr...ndin.
Aber eigen...lich habe ich überhau...t keine ...ust, sie zu tre...en, de... gestern in der Sch...le haben wir z...mlich he...tig miteina...der gestri...en. Sie mü...te sich eigen...lich bei mir en...schuldigen, de... schlie...lich hat sie ja an unserem Strei... ...chuld.
Sie hat ein Geheimni... von mir den anderen Mi...schülern ve...aten, und da... ka... ich ihr nicht so schne... verz...hen. Ich habe ihr n...mlich erz...lt, da... ich mich unster...lich in Georg (er ist sehr bel...bt in unserer Kla...e) verl...bt habe. Ich habe ihr ver...raut und sie hat mir ...ersprochen, es keiner Menschens...le zu erz...len.
Doch sie hat es ...leich am n...chsten Tag ihrer Ban...nachbarin be...ichtet. Das hat mich w...nsinnig verle...t, de... a...e haben sich da...ach über mich lu...tig gemacht. Ich ka... Georg je...t nicht m...r in die Augen schauen. Ich sch...me mich so.
Au...erdem ...rage ich mich, was Georg w...l von mir hä...t. Sicher glau...t er je...t, da... ich eine komple... blö...e Kuh bin, die nichts ...esseres zu tun hat, als a...en auf die Na...e zu binden, wie sehr sie ihn ma... . Es ist eine Ka...astrophe, einfach zum ...chreien.
Ich wer...e einen ...lick zum Fenster hinau... und sehe die str...lende So...e. Dabei den...e ich mir, da... es überhau...t keinen Si... hat, we... ich mich tr...bsinnig im Haus verkr...che.
Ich werde jet... das Tagebuch zukla...en und einen ausg...bigen Spa...iergang machen. Dabei ko...e ich besti...t auf andere Gedan...en und wom...glich habe ich eine Id..., wie ich Georg verstän...lich machen ka..., da... ich in W...rheit doch ein gan... ne...es Mädchen bin.

Bis zur nächsten Eintr...gung

Annette

5) Allegro (*)

Peter ko...te sich noch gan... genau an den ...ag eri...ern, als er ihn das ...rste ...al sah. Es war ein So...tag und er wo...te sich im Be... noch ...inmal umdr...en, als er ein lautes Hä...ern, das vom Nachbargrundstü... zu ko...en sch...n, vern...m. Neug...rig stand er auf und ging zum ...enster. Er sah einige Mä...er, die damit beschäf...igt waren, aus r...sigen Holzpf...len eine Ko...el zu e...ichten. Peter wu...derte sich, wofür der Nachbar plö...lich seine gro...e W...se einzäunen lie... . Rasch zo... er sich an und ra...te die Tre...e hinunter. Er überh...rte die ...rage seiner Mu...er, ob er etwas frühstü...en wolle, und scho... ins ...reie.
Vor der Gara...e seines Nachbarn stand ein gro...es Auto, an de...en Anhängerku...lung ein Pferdetrans...orter be...estigt war. Intere...iert trat Peter n...er, doch der Anhänger war l...r. Plö...lich hörte er ein t...fes Schnau...en vom anderen ...nde des ...auses. Er ...og rasch um die E...e und stand dire...t vor einem ...otbraunen Pferd, das erwartungsvo... in seine ...ichtung bli...te. Normalerw...se hatte Peter keine ...ngst vor Pferden, aber dieses da war w...nsinnig gro... und m...chtig. Ganz ...orsichtig machte er einen Schri... vorwärts und stre...te zagha...t die Hand aus. Das Pferd re...te ebenfa...s den H...ls und so ergab es sich, da... er mit seinen Fingern die s...dige M...ne str...cheln ko...te.
„Na, ...hr zwei, habt ...hr ...uch schon beka...t gemacht ?“, ert...nte hinter ihm eine he...e Sti...e. Eine ...unge ...ame mit kur...en braunen H...ren lächelte ihn freun...lich an und h...lt ihm eine Karo...e hin. „Möch...est ...u sie ihm geben ?“ Peter ni...te und n...m sie ihr aus der Hand. „Wie hei...t er de...?“, fragte er und gab dem Pferd die Karo...e, die sofort genü...lich versp...st wurde. „Allegro“, antwortete die ...ame, „und we... du wi...t, ka...st du ihn ...ederzeit besuchen ko...en.“
Das war der Begi... einer gro...en Freun...schaft, de... es verging kein ...ag, an dem Peter nicht wen...gstens ...inmal bei Allegro vorbeischaute. Er brachte ihm har... gewordenes Br...t und Zu...er mit, half beim ...usmisten des Sta...es und lernte, wie man ein Pferd richtig str...gelt. Doch am ...lücklichsten war er an jenem ...ag, an dem er seinen ...rsten Reitunte...icht bekam. Zwar stür...e er ein paar...al zu ...oden, doch schlie...lich und en...lich wurde aus Peter ein beg...sterter Reiter.

6) Gewalt (***)

Ein Thema, das zweifelsohne ...ung und ...lt gleicherma...en beschäftigt, ist die immer grö...er werdende Anz...l von Vorfällen in Schulen, bei denen Gewalt angewan... wird beziehungsweise wurde.
Des ...fteren kann man in Ferns...berichten aus den ...ereinigten ...taaten mitver...olgen, wie ...ugendliche Amo...läufer ihre Mitschüler niederme...eln. Jederma... hat noch die ...lüchtenden vor ...ugen, wie sie in ...anik aus Schulfenstern springen und um ...ilfe schreiend das ...eite suchen.
Aber nicht nur in den ...ereinigten ...taaten ist die Schulsi...uation ...esorgnis e...egend. Auch in Österreich versuchen immer mehr ...ugendliche auf ...iegen und ...rechen ihre Aggre...ionen in der Schule abzureagieren.
So werden Wände bespr...t, Se...el und Bänke zerschlagen oder auf andere ...rt und ...eise demoliert.
Im ...esentlichen richtet sich die Zerst...rungswut gegen die Einrichtungsgegenst...nde der Schule. Doch bei manchen Schülern gibt es auch kein langes ...in und ...er, wenn es darum geht, einem Kla...enkameraden eine A...reibung zu verpa...en. Dabei verlä...t man sich auch nicht mehr auf die eigenen Fäuste, sondern ist mit Me...ern, Pfe...ersprays oder sogar Pist...len bewa...net.
So endet mancher Strei... in einem Blutbad und es stellt sich die Frage, wer daran ...chuld trägt. Denn es sind nicht die Kinder allein, die man als ...erantwortliche zu sehen hat. Oft ist es die ...angelnde Zuwendung ihrer ...mgebung, die die Kinder dazu trei...t, solche Dinge zu tun. Doch Eltern und Lehrer sehen sich teilweise au...er ...tande, etwas dagegen zu unternehmen. Aber, da... etwas gegen die Gewalt in den Schulen getan werden mu..., darüber sollte sich jeder ...inzelne im ...laren sein.
Auch nicht au...er ...cht zu lassen ist der steigende Drogen- und Alkoholkonsum unter den ...ugendlichen. Bei di...ersen Veranstaltungen ist es üblich, da... Alkohol gleich im ...oraus an ...inderjährige ausgeschen...t wird. Vom ...erkauf i...egaler Auf...utschmittel auf den Toile...en ganz zu ...chweigen. Auch hier mü...te dringen... ...bhilfe gescha...en werden.

7) Frühling (**)

We... sich der Win...er langsam verabsch...det und die ...ängeren Tage w...der ...inzug halten, da... ist für die m...sten Menschen die ...chönste Zeit des J...res geko...en.

Die ...rsten ...armen So...enstr...len kä...pfen sich durch die ...raue Wolkende...e und das he...grüne Gra... b...nt sich ...apfer den ...eg durch die aufgew...chte Erde. Auf den ...sten werden die kleinen Knos...en sicht...ar und zwischen den le...ten Schn...resten ko...en farbenpr...chtige Kroku...e ans ...ageslicht.

Alles in unserer ...mgebung ersch...nt auf einmal wärmer und bu...ter. Man merkt es an den Ges...chtern der Leute auf der Stra...e. Die vor ...älte hochge...ogenen Sch...ltern haben einer entspa...ten Haltung Pla... gemacht. Marsch...rte man noch vor ein p...r Wochen mit gri...iger M... ne aneina...der vor...ei, ist man je...t als Autof...rer dazu ...ereit, einen lächeln...en Fu...gänger freiwi...ig über die Stra...e zu la...en.

Doch macht die Wa...dlung der Nat...r es alleine aus, da... fast ...eder mit dem Frühling nur ...ngenehmes ...erbindet ? Keine andere J...reszeit wurde so oft in Ged...chten, Theaterstü...en und L...dern verew...gt wie er. Die ber...mten Frühlingsgef...le sp...len dabei eine ganz gro...e Ro...e, oder hat schon ...rgendwer einmal etwas ...irklich ...erzergreifendes über Herbstgef...le geschr...ben ? Mir fä...t so ganz spo...tan eigen...lich niemand ...er...mter ein.

Eigen...lich sch...de, de... der Herbst ist auf seine W...se doch ...iel roma... tischer als der ki...schige Frühling, wo auf jeder Par...bank ein L...besp...r si...t und verträum... in den he...blauen Hi...el sta...t. Im Herbst f...rben sich die Blä...er in warme, ...oldene T...ne. Die So...e scheint noch i...er lange genug, aber e...en nicht mehr so intensi... . Man kann ...pazieren gehen, ...astanien sa...eln und danach gemü...lich eine Ta...e T... trin...en. Aber jedem das ...eine, der Frühling wird die unumstri...ene Nu...er ...ins in der Beliebtheitss...ala der Menschen bleiben und w...rscheinlich hat er es sich auch verd...nt. Vie...eicht wird es noch eine W...le dauern, aber irgendwa... werde auch ich herau...finden, warum.

8) Weihnachtsmann I (**)

Der Weihnachtsstre... war ...orüber und alle Geschen...e ver...eilt. Es gab für den Weihnachtsmann überhau...t keinen ...rund mehr, seine Rü...fahrt zum Nordp...l länger hinauszuz...gern. Doch dieses J...r hatte er gar keine ...ust, schon w...der alleine für den Re...t der Z...t im ...wigen Schn... zu fr...ren und auf das ...eue Weihnachtsfest zu wa...ten. Er war es ...eid, Tag für Tag vor seiner Schn...burg zu si...en und darüber nachzuden...en, was in der Zwischenz...t anderswo auf der We...t pa...ierte. „Eigen...lich", dachte er, „l...gt alles in meinem Leben so z...mlich im ...rgen. Ich will etwas ...olles erleben und mit mir ins ...eine ko...en."
Also beschlo... er, die Rü...reise zu versch...ben, und schi...te die Rentiere mit dem Schli...en alleine ...achhause. Dann ma...schierte er zuerst in ein Kau...haus und fra...te nach der A...teilung für He...enmode, denn er wo...-te nicht länger in ...ot ge...leidet sein. Schlie...lich könnte es ja pa...ieren, da... ihn die Kinder auf der Stra...e erke...en und dann f...rchtbar en...äuscht wären, we... er dieses ...al keine Geschen...e für sie par...t hä...e.
Es war g...r nicht so ...infach, das ...assende zu fi...den, de... sein di...er ...auch brauchte eine be...onders gro...e H...se. Doch die ne...en Verkäufe-ri...en hatten viel Verst...ndnis und de...halb war er bald mit dem ...ichtigen ausgesta...et. Nach einer kleinen St...rkung bei einem Imbi...tand machte er einen langen Spa...iergang durch die Sta... und beo...achtete die Menschen in seiner Umg...bung. Fr...er sah er ihre M...nen nur am Weihnachts-a...end. Da waren die ...eisten Kinder glü...lich und selbst die ...rwachsenen hatten ein ...ächeln aufgese...t. Doch ...eute war ein ganz norm...ler Tag und die Leute ra...ten mit angespa...ten Gesichtern durch die Gegen... . Kaum einer lie... sich zu einer ...reundlichen G...ste herab. Nein, ganz das ...egenteil sch...n der Fa... zu sein. Fast ...lle sahen so aus, als hä...en sie ...robleme. Der Weihnachtsmann wurde stu...ig. Er hatte doch immer gedacht, da... da... ...eben auf dem ...est der We...t nur schön und auf-r...gend sei, doch so war es anscheinen... doch nicht.
Er se...te sich trauri... auf eine Par...bank und dachte über sein bish...riges ...un nach. Nat...rlich sollte Weihnachten das Fest der L...be und Freundschaft sein, aber doch nicht nur zu dieser Z...t. Die Menschen mü...ten sich das ganze J...r über umeinander bem...en. Vie...eicht waren er und das Weihnachtsfest sow...so schon überflü...ig geworden und man brauchte ihn hier überhau...t nicht mehr ?

9) Bewerbung (***)

Linz, am 10. Jänner 20...

Sehr geehrter Herr ...agner !

Ich habe ...eute ...orgen ...hre An...eige in den ...berösterreichischen ...achrichten gelesen und möchte mich h...rmit um die Ste...e als Barmann in ...hrem Hotel bewe...ben.
Ich besuche die ...ierte Kla...e der Fremden...erkehrsschule in ...ad Leonfelden und mu... im Herbst den Nachwei... eines Sommerpra...-tikums erbringen. Auf ...rund dieses Erforderni...es wäre die ...reimonatige Beschrän...ung ...hres Ste...enangebotes für mich überhaupt kein Hi...dernis. Ich habe im ...astron...mischen Bereich schon einige Erf...rung gesa...elt. So habe ich bereits im ...oldenen ...irschen in ...alzburg gearbeitet und in einem Ferienklub auf Mallorca. Dort war ich sow...l für das ...ervieren als auch für die Bar zust...ndig. Ich habe mich für beide ...rbeiten bis ins ...leinste vorberei...et und würde dies selbstverst...ndlich auch dieses ...al tun. Im ...mgang mit den Gästen hatte ich bisher noch keinerlei Schw...-rigkeiten, de... ich bin immer bereit, alles ...rdenkliche für deren W...l zu tun. Ich bin mir sicher, da... ich ...hren Anfo...derungen ...erecht werden würde, denn ich bin immer ...illens, mit gro...er Sorgfa...t zu ...rbeiten. Ich wei... natürlich, da... gerade im Gastgewe...be ein dauern...es ...ommen und ...ehen he...scht, aber ich verspreche ...hnen, ich werde für ...ie und ...hr Hotel durch ...ick und ...ünn gehen.
Was meine Honorarvorste...ungen anlan...t, so bin ich mir sicher, da... wir uns im ...esentlichen einigen würden. Es geht mir nicht so sehr daru..., möglichst ...iel zu verd...nen, sondern ich bin der ...nsicht, da... mir eine ...raxis in ...hrem angesehenen Haus für meine sp...tere Ka...iere sehr ...ilfreich sein könnte. Schlie...lich möchte ich einmal ein guter Barmann werden, sozusagen einer der ...esten und ...ekanntesten Österreichs. Dies zu meiner Pers...n, alles ...brige ist im ...inzelnen aus meinem beigelegten ...ebenslauf ersich...lich. Ich würde mich über eine ...ositive Antwort ...hrerseits freuen und verbleibe

Mit ...orzüglicher ...ochachtung
Maximilian Mayr

10) Weihnachtsmann II (**)

Mi...lerweile waren schon m...rere Stun...en vergangen und der Weihnachtsmann sa... noch immer auf seiner Par...bank und grü...elte über das ...eben nach. Nach einer W...le hatte er auf einmal das Gef...l, nicht m...r alleine zu sein und bli...te hoch. Ein kleines Mädchen mit langen ...raunen Zö...fen stand vor ihm und schaute ihn intere...iert an. „Du s...st traurig aus", mein...e es und se...te sich neben ihn auf die Bank, „hast du dir w... getan ?" Der Weihnachtsmann schü...elte nur stu... den Kopf und sta...te weiter vor sich hin. Wie so...te er de... einem kleinen Mädchen seinen Ku...er erkl...ren, de... er eigen...lich selbst nicht ...echt verstand ? Aber die ...leine lie... nicht lo...er und fragte ihn ein ...weites und sogar ein ...rittes ...al, welche Sorgen er de... habe. Schlie...lich gab er auf und ber...chtete ihr, was ihm so schw...r auf der S...le lag. Das Mädchen hörte ihm aufmer...sam zu und ni...te wi...entlich, so als wü...te es ganz genau, was ihn pl...gte.
Doch nachdem er ihr a... seine N...te an...ertraut hatte, gri... es nach seiner Hand und drü...te sie fest. „Ich ka... zwar nicht für alle Kinder dieser ...elt sprechen", sagte es, „doch ich finde den Gedan...en, da... es ab ...un keinen Weihnachtsmann m...r geben soll, einfach scheu...lich. Du bist doch nicht dafür veran...wortlich, da... die Menschen den ...est des ...ahres unglücklich sind. Das sind sie schon selber." Es erkl...rte ihm, da... ...iele so leben, als g...be es für sie kein ...orgen m...r, und dies könne er als Weihnachtsmann beim ...esten ...illen nicht verhi...dern. Es w...re auch nicht seine ...ufgabe, die ganze Menschh...t glücklich zu machen. Aber allein die Ta...sache, da... er ein ...inziges Kind am Weihnachtsabend glücklich machen kö...e, sei ...rund ...enug, seine Existen... zu recht...ertigen.
Der Weihnachtsmann sah das Mädchen bewundern... an. Wie konnte es noch so klein und tro...dem schon so kl...g sein ? Er heftete für einen Mo...ent seinen Bli... auf den Kie...weg vor ihm und überlegte, wie er je...t ohne seinen Schli...en nach ...ause zum Nordp...l kommen würde. Doch da h...rte er schon die ver...rauten Glo...en von der ...erne bi...eln. Er drehte sich zur ...eite, um dem Mädchen für seinen Zuspruch zu ...anken, doch der Pla..., wo es noch vor ...urzem gese...en hatte, war l...r.

11) Geburtstag (***)

Heute ist mein Geburtstag und ich bin au...er ...tande, ihn zu ...eiern. Be...er gesagt, ich habe nicht die ...eringste ...ust oder Veranla...ung dazu. Je...t bin ich ...iebzehn und es hat sich ...ichts auch nur im ...ntferntsten ge...ndert. Mit diesem ...lter sollte ich schon als ...rwachsen z...len, doch behan...elt werde ich immer noch wie ein ...leinkind. Ich würde ...bends gerne etwas länger ...ortbl...ben, aber da g...bt es für meine Eltern kein ...enn und ...ber. Es ist mir unverst...ndlich, wie man so verb...rt und altm...disch sein ka... . Doch es g...t nicht nur um das ...ortgehen alleine, auch von einem Urlau... mit Freunden kann ich nur ...räumen. Die andern Eltern sind gro...zügig und l...beral, doch bei uns he...scht noch immer der a...solute Mi...tand. Wie im t...fsten Mi...elalter. Die beiden ...escheiten glauben ja immer, ...echt zu haben, und we... ich einm...l vers...che, mit ihnen ...rnsthaft zu di...kutieren, bekommt mein ...ater einen Gesichtsausdru..., da... mir ...ngst und ...ange wird. Er meint da..., ich hätte keine Lebenserf...rung, aber da ist er nicht gan... auf dem ...aufenden. In unserer Kla...e geh...re ich besti...t zu den ...rfahrensten und ...lügsten der Schülerinnen.
We... ich denke, wie ...indisch noch ma...che Mädchen in meiner ...mgebung sind. Die haben nichts anderes als die ...euesten ...ondoner Mode...rends im Kopf und wer in der Bravo-Hitpar...de gerade auf Pla... Nu...er ...ins ist. Das ist wir...lich schre...lich, doch diese ...inge haben bei mir schon lange nicht mehr Vo...ang. Für mich ist gan... etwas ...nderes wichtig.
Aber meine Eltern haben in dieser ...insicht eine komple... falsche M...-nung von mir. Die werden sie über ...urz oder ...ang ändern mü...en. Sie glauben, ich lebe nur für das ...ier und ...etzt, doch da unterl...gen sie einem gewa...tigen I...tum. Ich bin mir der Gef...rlichkeit des ...ebens durchaus bewu...t und ...lt genug, ohne ...eiteres die ...erantwortung für mein ...ortko...en zu übern...men. Das ...inzige, was ich brauche, ist ein bi...chen mehr ...erständnis und entgegengebrachtes ...ertrauen.
Ich werde je...t zu ihnen hinuntergehen und die Ker...en meiner Geburtstagst...rte ausblasen. Man wei... ja nie, vie...eicht bringt sie ein ...rnsthaft ...eführtes ...espräch dazu, mir en...lich zuzuhören. Dann würde aus dem ...eutigen Tag doch noch ein ...rfolgreicher.

12) Dialog (*)

A: Ja, hallo, das ist aber eine Übe...aschung, dich hier zu tre...en.
B: Guten ...ag, ich freue mich, dich zu sehen. Wie geht es dir ?
A: Danke, ganz gut. Ich habe viel ...rbeit, und was machst du so ?
B: Ach, bei mir gibt es nichts ...esonderes zu berichten. Ich war krank und bin dabei, mich langs...m wieder zu erh...len.
B: Das tut mir aber ...eid für dich. Warst du schon seit ...ängerem krank ?
A: Nein, ich hatte eine schw...re Lungenen...ündung, die der Ar...t leider viel zu sp...t erka...t hat. De...halb hat es mich z...mlich ...rg erwischt. Aber, wie gesagt, ich bin auf dem ...eg der Be...erung.
B: Da bin ich aber fr... . Und wie geht es deiner Fa...ilie ?
A: Danke, meinen Ki...dern geht es sehr gut und mein Ma... hat sehr viel Stre... im Büro. Im M...ment verg...t fast kein ...ag, an dem er nicht bis sp...t in die ...acht arbeitet.
B: Ja, das ko...t mir beka...t vor. In meiner F...rma ist im Augenbli... auch w...nsinnig viel zu tun. Wir arbeiten an einem neuen ...rojekt, da... den Ko...egen und mir extr...m lange Arbeits...eiten ab...erlangt. Aber mir macht die Arbeit Spa..., und das ist im Ende...ekt ja das ...ichtigste.
A: Da hast du natürlich ...echt. Aber ko...t dabei dein ...rivatleben nicht zu kurz ?
B: Natürlich ko...t es da..., aber du ke...st ja meine Freundin. Sie ist ein Mensch, der immer bereit ist, Rü...sicht auf mich und meine Ka...iere zu nehmen.
A: Ich denke, es wird ihr nichts anderes ...brig bl...ben, als zurückzuste...en, de... we... du noch immer so ...hrgeizig bist wie fr...er, da... hat man nur die M...glichkeit, deinen Arbeitsei...er zu a...zeptieren.
B: Da hast du leider nicht ...nrecht. Ich bin eigen...lich ein ...urchtbarer Mensch.
A: Jetzt übertrei...st du wieder einmal ma...los. Ich finde, du bist schon ganz in ...rdnung und au...erdem ein fe...elnder Gesprächs...artner.
B: Nun, we... du das so s...st, dann würde ich vorschl...gen, wir b...nden je...t dieses Gespräch auf der Stra...e und se...en es bei einer Ta...e Ka...ee oder T... fort. Bist du ein...erstanden ?
A: Ich finde, da... ist eine ...rima Id... . Ich habe gro...en Du...st und bin immer für ein gutes Geträn... zu haben.

13) Paris (**)

„Ganz Paris träumt von der L...be“ – ich frage mich ernsthaft, we... dieser Blödsi... eingefa...en ist. Sei... Stunden laufe ich nun in der so gena...ten Stadt der L...be ...erum und finde sie alles ...ndere als l...benswert. Angefangen hat es schon damit, da... da... R...sebüro, in dem ich das H...tel ge...ucht habe, o...ensichtlich einen F...ler bei der Reser...ierung gemacht hat. Jedenfa...s war bei meiner Anku...ft kein Zi...er für mich frei, so da... sie mich gn...digerw...se in einem Zi...er für ...erartige Notfä...e un...ergebracht haben und ich mich nun einer fa...elhaften Au...icht auf den Hinterh...f des H...tels erfreuen darf. Besonders de...orativ se...en sich die beiden grünen Abfallcont...ner ins Bild, die anscheinend tr...gische O...fer eines Str...kes der ...ranzösischen Mü...abfuhr geworden sind und mir den A...etit auf eine ...bendliche Nationalsp...se grün...lich verm...st haben. Es hal... nur die ...ofortige ...lucht in eine Stadtbesichtigung, doch dieser wurde gleich in der U-B...n, hier ganz ...heatralisch Metro gena...t, ein ...nde gese...t, als sich n...mlich der Ru...sack eines schwer be...ackten ...ouristen selbstständig machte und seiner Pla...not genau auf meiner Hose ...reiheit verscha...te. Zwei explo...ierende Cola...osen ergo...en sich über meine wei...e Flane...hose und ich mu...te ...wecks Auslü...tung meiner Beinbekl...dung den Un...ergrund wieder verla...en.
Danach durfte ich mich mit einem a...oganten Ke...ner herumschlagen, der nicht gewi...t war, da... von mir zuerst auf ...eutsch, dann auf ...nglisch beste...te Geträn... zu bringen. Erst als ich ihn, dem ...erdursten n...e, mit den p...r sp...rlichen Bro...en, die ich seiner Mu...ersprache m...chtig bin, anfl...te, lie... er sich ...azu herab, mir ein Mineralwa...er zu bringen. Da... es sich natürlich um ...ines ohne K...lensäure gehan...elt hat, war klar, aber ich war schon zu schwach, um zu pro...estieren.
Jetzt stehe ich vor dem Eiffel...urm und warte, wie ...undert andere Menschen auch, en...lich zum ...ufzug zu gelangen. Und da... nur zu dem ...weck, da... eingekle...t und mit di...ersen E...enbögen zwischen den Ri...en, den Ausbli... auf die Stadt zu genie...en, wobei einem die ...albe Sicht von dem Mann, der vor ...inem steht und einen Meter neunzig gro... ist, geno...en wird.
Mir ist die ...ust auf Baguette vergangen. Ich will heim zum guten, alten ...iener ...chnitzel, dem ich bein...e untreu geworden wäre. Ich pfei...e auf „Vivre la France“ !

14) Vier Pfoten (*)

Hallo, dar... ich mich vorste...en ? Mein N...me ist Enrico und ich bin, wie du sicher schon verm...tet hast, ein H...nd. A...erdings bin ich kein Ra...ehund, sondern ein M...schling. Doch die m...sten Menschen, die mich sehen, fi...den mich tro...dem ganz hü...sch. Ich bin ungef...r so gro... wie ein Dalmatiner, habe ein schwar...es Fe... und ...ren, die mir z...mlich k...misch vom Kopf wegst...en. Auf der Brust habe ich einen wie...en Fle..., den man aber nicht beson...ers gut s...t.
Ich w...ne in einer großen W...nung und wie du dir w...rscheinlich denken ka...st, lebe ich nat...rlich nicht alleine. Mein Frauchen hat mich sehr l...b und ich sie eigen...lich auch, aber manchm...l kann ich sie nicht l...den. N...mlich da..., we... sie mit mir schi...pft und gar keinen ...rund dafür hat. Oder findest du es so schli..., we... ich sie beim ...ehen an meiner L...ne etwas he...tiger hinter mir herz...e ? Ich nicht.
Aber am ...llerschli...sten ist es, we... sie mich nach einem Spa...iergang in die Badewa...e stellt und mich mit diesem k...mischen Ding abspri...t. In diesen Mome...ten ha...e ich sie aus t...fstem Her...en. Als wenn das Bi...chen Erde und Sa...d auf meinem Bauch jemand sch...den kö...te.
Gegen das Wa...er ...elber habe ich ja gar nichts einzuwe...den, de... ich bin ein begeister...er und guter Schwi...er. Mit meiner Freundin Lola springe ich i...er um die We...e ins Wa...er und hole da... Bä...e oder Wurfsch...-ben heraus. Ach ja, von Lola habe ich ja noch nichts erz...lt. Sie ist auch ein schwar...er H...nd, aber im Gegensa... zu mir reinra...ig. Doch sie ist überhau...t nicht einge...ildet und m...g mich so wie ich bin. Sie ist meine ...este Freundin und dar... machen, was sie wi... . Manchm...l übertrei...t sie es zwar ein ...enig und bei...t mich in den Fu..., doch ich ka... ihr einfach nicht b...se sein.
Wir ...eide l...ben alle Kinder und freuen uns, we... wir welche tre...en. De...halb sind wir i...er ganz trau...ig, we... wir von b...sen H...nden h...ren, die nicht ne... zu Kindern sind oder gar auf deren Spielplä...en Pipi machen.
So, ich mu... je...t aufhören, de... ich sehe ger...de mein Frauchen mit einer Wu...st zu meiner Fu...erschü...el gehen. We... ich mich nicht b...ile, i...t sie sie wom...glich selbst auf, und das mu... ich auf alle Fä...e ...erhindern.

15) Mein Freund Fred (**)

We... ich l...nger darüber nachdenke, da... fä...t es mir z...mlich schw...r, die richtigen W...rte zu finden, um meinen Freund Fred so zu beschr...ben, wie er wirklich ist. Denn es ist vö...ig klar, da... ihn jemand anderer gan... anders s...ht und einschä..., als ich das tue. Um mit seinem ...ßeren zu begi...en, er ist überdurchschni...lich gro... und hat eine sp...rtliche Fig...r. Das ko...t a...erdings vom vielen Tr...nieren, de... er ist f...rchtbar ehrg...-zig. Seine dunkelblonden H...re sind m...stens s...r kur... geschni...en, und de...halb finde ich es i...er k...misch, we... er sich mit den Fingern durch-f...rt. L...der s...ht er sehr schlecht, und de...wegen mu... er eine Bri...e tragen, aber ich finde nicht, da... sie st...rt. Alles in ...llem finden ihn die M...dchen ...gentlich ganz fesch. Aber was v...l wichtiger ist, er hat Si... für Hum...r und besitzt die G...be, sich über sich selbst lustig machen zu kö...en, und das scha...en die m...sten Leute, die ich ke...e, nicht. Mein Go..., was habe ich schon in meinem L...ben mit ihm gelacht und Spa... gehabt. De... schl...gfertig ist er n...mlich auch. Ma...chmal habe ich das Gef...l, da... er mit einer Engelsged...ld ges...gnet ist, de... du ka...st ihn, we... du dich nicht auske...st, hundert ...al das ...leiche fr...gen, und er wird nicht nerv...s oder f...rig. Doch er ka... auch anders. Ich habe ihn einm...l erl...bt, da war er über etwas schre...lich sauer, und da hatte ich den Eindru..., als wäre es jetzt am ...llerbesten, ihn be...er nicht anzusprechen. Tro...dem habe ich noch nie ges...en, da... er komple... die Kontro...e über sich verl...ren hätte.

Mein Freund Fred hat mir in meinem Leben schon oft geh...lfen. I...er als ich seine ...ilfe brauchte, stand er mir mit ...at und ...at zur Seite. Nicht, da... er mich des ...angen und ...reiten bedauert hätte. Das ist nicht sein St...l. Er bl...bt sachlich, m...ntert auf und versucht, die Di...ge pra...tisch zu sehen. Als ich ihm einm...l für seine ...ilfe dan...en wo...te, meinte er, das mü...e ich nicht, er habe mir ja g...r nicht so viel geh...lfen, sondern sei einfach nur ne... gewesen.

Aber ich habe mich auch schon oft über ihn ge...rgert, und zwar da..., we... er es mit seinen L...benswei...heiten etwas übertr...bt und i...er zu wi...en glaubt, was ...ut für mich ist und was nicht. In d...sen Mome...ten geht mir da... seine selbstger...chte Art f...rchtbar auf die Ne...ven. Aber Freunde w...ren keine Freunde, we... man sich nicht auch manches ...al übereinander ...rgern würde. Vielleicht kli...gt es ja ein wenig mel...dramatisch, aber ich bin mir sicher, ich würde meinen guten Freund s...r vermi...en, we... er eines Tages mein Leben verlä...t.

LÖSUNGEN

Teil I

a, ah oder aa ?

1. W**a**gen
2. f**ah**re, Straßenb**ah**n
3. H**aa**re
4. Bein**ah**e, geh**a**bt
5. S**a**l**a**t
6. **A**men
7. M**a**rterpf**ah**l
8. Z**ah**nschmerzen
9. l**ah**m
10. W**aa**ge
11. S**a**gen
12. w**ah**r
13. bez**ah**lt, gem**ah**nt
14. gel**a**ngen, Pf**a**d
15. Wasserstr**ah**l
16. Vertr**a**g
17. verg**a**sen
18. Pl**a**ge
19. Sp**a**g**a**t
20. St**aa**ten
21. **Aa**l
22. Pl**a**k**a**t
23. Z**ah**l
24. m**a**lt
25. ge**ah**ndet, f**ah**nden
26. **A**kne
27. b**a**den
28. Gef**ah**r
29. H**ah**n
30. gem**ah**len
31. p**aa**r, Ban**a**nen
32. Verh**a**lten, **a**b**a**rtig
33. w**ah**rscheinlich
34. B**a**r
35. Gesteinsabl**a**gerungen
36. W**ah**l
37. Sk**a**nd**a**l
38. W**a**nderung, k**a**men, T**a**l
39. sch**a**l
40. W**a**l
41. verkl**a**gen
42. **ah**nen, verw**ah**rlost
43. Gr**a**ben
44. G**a**be
45. l**a**ng
46. Denkm**a**l
47. Ph**a**se
48. m**a**k**a**ber
49. wachs**a**m
50. Repar**a**tur, Dr**ah**t
51. k**ah**l
52. br**a**ten, g**a**r
53. z**a**rt
54. S**aa**l
55. V**a**se
56. **A**tmen, **Aa**s
57. W**a**re
58. S**aa**t, S**a**men
59. St**a**dtpark, R**a**ben
60. pr**ah**len
61. Or**a**kel
62. Nachn**ah**me
63. furchtb**a**r, Sch**a**mesröte
64. Sch**a**be
65. ausn**ah**msweise, einm**a**l, Anteiln**ah**me
66. l**a**ngs**a**m
67. P**aa**r
68. Qu**a**l
69. R**a**sen
70. aschf**ah**l
71. Hochzeitsm**ah**l
72. s**a**kr**a**l
73. Verl**a**g
74. Ölm**a**gn**a**ten
75. w**a**gh**a**lsig
76. p**a**r**a**t
77. M**a**rk
78. Nachn**a**men
79. w**aa**grecht
80. w**a**gst
81. Ann**ah**me
82. K**a**bel
83. Sch**a**le
84. Sch**a**r
85. wunderb**a**r
86. z**ah**men, Leop**a**rden
87. Scheus**a**l

88. Erf**ah**rung, heils**a**m
89. Reg**a**l
90. verw**ah**rt
91. Drangs**a**l
92. Nachb**a**rn, dankb**a**r
93. eins**a**m
94. St**ah**lträgern
95. eg**a**l, Agr**a**rpolitik
96. nachzu**ah**men
97. R**ah**m
98. B**ah**re
99. w**ah**nsinnig
100. uns**a**gb**a**r
101. K**ah**n
102. K**a**rin
103. vers**a**gt
104. Schl**a**g, tr**a**f, M**a**gen
105. K**a**rren

ä oder äh ?

1. m**äh**en
2. Tr**ä**nen
3. B**ä**ren
4. n**ä**chste, ungef**äh**r
5. erz**äh**lt
6. **ä**tzend
7. Kan**ä**le
8. sch**ä**dlich
9. Schw**ä**gerin
10. **ä**rgern
11. N**äh**e
12. abw**ä**rts
13. geschl**ä**gert
14. Erkl**ä**rung
15. **Äh**re
16. verschm**äh**t
17. Pr**ä**rie
18. h**ä**keln
19. Erfolgspr**ä**mie
20. gef**äh**rlich
21. f**ä**llen, S**ä**ge
22. Begr**ä**bnis
23. S**ä**rge
24. Gr**ä**tsche
25. J**ä**ger
26. Kr**ä**ne
27. Sch**ä**ferhund
28. abw**ä**gen
29. gew**äh**lt
30. besch**ä**digt
31. erf**äh**rt
32. **äh**nlich
33. K**ä**lber
34. Universit**ä**t
35. W**äh**rend
36. sch**ä**len
37. D**ä**mon
38. K**ä**se
39. Gef**ä**ngnis
40. Ern**äh**rung
41. j**äh**rlich
42. Str**ä**fling
43. W**ä**rme
44. prek**ä**r
45. g**äh**nen
46. h**ä**misch
47. st**ä**ndig
48. K**ä**fer
49. sp**ä**rlich
50. Sch**ä**rfe
51. W**äh**rung
52. Gr**ä**ten
53. d**ä**mlich
54. M**äh**ne
55. F**äh**re
56. qu**ä**lt
57. erw**äh**nen
58. T**ä**nzer **ä**rgern
59. bel**ä**stigen
60. L**ä**nge
61. n**äh**t
62. Gesch**ä**fte
63. Sanit**ä**ranlagen
64. bettl**ä**gerig
65. m**ä**ßigen
66. Gr**ä**ser
67. Geheimniskr**ä**merei
68. F**äh**rte
69. gel**äh**mt
70. g**ä**ren
71. geb**ä**ren
72. z**äh**len
73. Kl**ä**ger
74. Tr**ä**ger
75. Hy**ä**ne
76. br**ä**t
77. h**ä**nseln

78. Härte
79. Z**äh**ne
80. l**ä**stern
81. Ger**ä**t
82. ordin**ä**r, vulg**ä**r
83. v**ä**terlich
84. M**ä**rchen
85. allm**äh**lich
86. Pr**ä**sidenten, **Ä**ra
87. T**ä**towierung
88. unversch**ä**mt
89. aufgebl**äh**t
90. Holzbl**ä**ser
91. Majest**ä**t
92. bes**ä**nftigen
93. Schulr**ä**te
94. beh**ä**big
95. Bew**äh**rung
96. m**ä**sten
97. **äh**neln
98. gew**äh**rt
99. Gaunerp**ä**rchen
100. Z**ä**pfchen
101. K**ä**ngurus
102. Gem**ä**lde, M**ä**rtyrer, legend**ä**r
103. z**äh**
104. z**äh**men
105. Verm**äh**lung
106. Z**ä**nkereien
107. W**ä**sche, aufh**ä**ngen
108. Pr**ä**sens
109. G**ä**rtnerei

e, eh oder ee ?

1. l**e**er
2. L**eh**ne
3. W**e**g
4. R**e**gen
5. M**eh**rheit
6. W**eh**r
7. l**eh**rt
8. Verk**eh**r
9. Sekr**e**t
10. bel**e**gt
11. Rosenb**ee**t
12. Qu**e**ren
13. Erbsenpür**ee**
14. st**eh**en
15. bequ**e**m
16. Gew**eh**r
17. H**eh**ler
18. Rak**e**te
19. Schafh**e**rde
20. K**eh**le
21. Kaff**ee**
22. Bundesh**ee**r
23. F**ee**
24. st**eh**len
25. Magn**e**t
26. Gew**e**be
27. D**eh**nungsübungen
28. All**ee**
29. beg**eh**rt
30. s**eh**ne
31. verm**eh**ren
32. B**ee**ren
33. Kl**ee**
34. S**e**gen
35. R**eh**
36. entl**ee**ren
37. M**eh**l
38. N**e**bel
39. Schn**ee**
40. **Eh**re
41. S**eh**störung
42. Arm**ee**
43. extr**e**m
44. S**ee**
45. k**eh**ren
46. g**eh**st
47. Ferns**eh**er
48. anger**e**gt
49. R**ee**der
50. verh**ee**rt
51. S**eh**ne
52. M**ee**r
53. Id**ee**
54. S**ee**le
55. schw**e**res, L**e**ben
56. **E**nde
57. l**eh**mig
58. w**eh**ren
59. Spinnw**e**be
60. Kakt**ee**n
61. Pelik**a**n
62. P**e**dal
63. f**eh**lt, H**e**nkel

64. beschw**e**ren
65. Sp**ee**r
66. wiederbel**e**bt
67. ver**eh**rt
68. get**ee**rt
69. V**e**ne
70. j**e**de, M**e**nge
71. Bef**eh**l
72. Ben**eh**men
73. n**eh**men, g**e**ben
74. Schw**e**fel
75. S**e**gel
76. w**eh**leidig
77. ben**e**belt
78. schw**e**bte
79. Masch**ee**
80. G**e**bet
81. Eist**ee**
82. L**e**sung
83. verz**eh**ren
84. sch**e**ren
85. Schornsteinf**e**ger
86. h**e**gen, pfl**e**gen
87. Erdb**e**ben
88. F**eh**de
89. J**e**nseits
90. L**e**bkuchen
91. Karr**ee**speck
92. Str**e**ber
93. Erl**e**bnis
94. Gesp**e**nst
95. d**e**likat
96. Gal**ee**re
97. Hasch**ee**knödel
98. Beh**e**lf
99. b**ee**rben
100. B**e**darf
101. J**ee**p
102. W**eh**mut
103. verw**eh**ren
104. k**eh**rt
105. b**ee**rdigt
106. s**eh**nsüchtig
107. Gal**e**rie
108. b**ee**ilen
109. z**eh**n

i, ih, ie oder ieh ?

1. V**ieh**
2. B**i**bel
3. **Ih**nen
4. Kreuzfahrtsch**i**ff, Rettungsr**i**nge
5. Fallsch**i**rmspringen, Gen**i**ck
6. D**ie**besgut
7. **ih**r
8. K**i**lo
9. M**i**gräne
10. z**ieh**t, St**ie**r
11. Ascherm**i**ttwoch, Her**i**ngsschmaus
12. Gel**i**nde
13. Pat**ie**nten, Ord**i**nation
14. l**ie**fert, M**i**lch
15. Bas**i**s
16. F**ie**ber
17. **ih**n
18. T**ie**fe
19. eingefr**ie**det
20. Schn**i**tzel, pan**ie**ren
21. St**i**l
22. F**i**nger
23. H**ie**rarchie
24. w**i**rklich, exquis**i**t
25. kap**ie**rte
26. Satzgl**ie**dern
27. Kop**ie**rgerät
28. F**i**rma
29. Bed**ie**nungsanleitung
30. kr**ie**chen
31. g**ie**rig
32. verl**ie**bt
33. gesch**ieh**t
34. ged**ieh**
35. Kr**i**se
36. Krit**i**k
37. Kr**ie**g
38. erw**i**scht
39. Pr**ie**ster
40. z**ie**mlich, langw**ie**rig
41. Darb**ie**tung
42. Add**ie**ren
43. Beg**i**nn
44. eing**i**psen
45. qu**ie**ken
46. flex**i**bel
47. Benz**i**n
48. sp**ie**lt, v**ie**r, Klav**ie**r
49. Mot**i**v
50. Ber**i**cht

51. bes**ie**gt
52. jub**i**l**ie**ren
53. fasz**i**n**ie**rt
54. Juwel**ie**r, Br**i**llanten
55. B**i**k**i**ni
56. Ex**i**stenz
57. bew**ie**sen
58. bez**i**chtigt, D**ie**bstahls
59. Z**ie**l, ems**i**g, marsch**ie**ren
60. B**ie**r
61. Margar**i**ne
62. l**i**qu**i**d
63. Garant**ie**
64. K**ie**s
65. M**ie**te
66. Geb**ie**t, bes**ie**deln
67. Fabr**i**k
68. z**ie**mlich, b**ie**der
69. M**ie**ne
70. sp**ie**lt, Goldm**i**ne
71. Man**ie**
72. Mark**i**se
73. L**i**neal
74. z**ie**mlich, n**ie**drig
75. B**ie**ne
76. D**i**v**i**dende
77. M**i**ne
78. Kl**i**n**i**k
79. Kant**i**ne
80. Br**i**se
81. renov**ie**rungsbedürftig
82. Besenst**ie**l, Melod**ie**
83. Zw**ie**bel
84. Souven**i**r
85. Umz**ieh**kab**i**nen
86. Lokomot**i**ve
87. Spal**ie**r
88. ster**i**l
89. w**ie**der, Tar**i**fe
90. L**i**d
91. w**ieh**ern
92. Vitam**i**nmangel
93. l**i**la
94. sen**i**l
95. pr**i**m**i**tiv
96. Demokrat**ie**
97. sp**ie**len, Sat**i**re
98. Pr**i**se
99. Quart**ie**r
100. Weltkr**ie**ges, fl**ieh**en
101. Kan**i**nchen, V**i**s**ie**r
102. B**i**ber
103. Kam**i**n
104. reklam**ie**ren

o, oh oder oo ?

1. Schuhs**oh**le
2. Biot**o**p
3. k**o**misch
4. K**oh**l
5. gew**o**gen
6. H**o**rt
7. P**o**lo
8. L**oh**n
9. S**o**ße
10. Luftball**o**ns
11. S**o**le
12. Wintersp**o**rt**o**rt, R**o**dler
13. M**o**le
14. gr**o**ßen, B**o**gen
15. Sch**o**nung
16. Ben**o**tung
17. Liebk**o**sungen
18. Sp**o**tt, H**oh**n
19. kl**o**nen
20. Id**o**l
21. T**o**r
22. T**o**d
23. gest**oh**len
24. gez**o**gen
25. m**o**drig, gew**o**rden
26. m**o**geln
27. K**oh**le
28. j**oh**len
29. Bet**o**nung
30. Rev**o**lution
31. B**oo**t, ausgeb**o**rgt
32. M**oo**s
33. w**oh**nen
34. zugefr**o**ren
35. Fl**oh**band
36. R**o**se, D**o**rnen
37. K**o**rb, Br**o**t
38. Vollm**o**nd
39. **Oh**nmacht
40. Mim**o**se
41. B**o**nus

42. W**oh**ltat
43. Z**oo**
44. **oh**ne, W**o**rte
45. gefl**o**gen
46. M**o**t**o**r
47. Dr**oh**ne
48. Dr**oh**ung
49. W**oh**lgefallen
50. d**o**minant
51. Pard**o**n
52. r**oh**es
53. B**oh**nen
54. D**o**se
55. geb**o**ren
56. Kons**o**le
57. b**oh**ren
58. R**oh**re
59. P**o**se
60. Fr**oh**sinn
61. Mel**o**ne
62. verl**o**ren
63. Pr**o**menade
64. M**oo**r
65. L**o**se
66. **Oh**r
67. erl**o**gen
68. H**o**telzimmer, Komf**o**rt
69. K**o**bold
70. M**oh**n
71. W**oh**nung
72. Mar**o**ni
73. r**o**sa
74. F**o**lgen, Bel**oh**nung
75. h**o**le
76. auserk**o**ren
77. Seni**o**ren
78. S**o**l**o**
79. R**oh**heit
80. L**o**kal, empf**oh**len
81. S**oh**n
82. Königsk**o**bra
83. Nark**o**se
84. h**oh**l
85. S**o**rge
86. h**o**ld
87. Pr**o**be
88. Telef**o**n, C**o**de
89. Dial**o**g
90. verd**o**rben
91. Mong**o**le
92. Bar**o**n
93. H**oh**eit
94. Essensb**o**ns
95. **O**men
96. Hor**o**sk**o**p
97. br**o**deln, bev**o**r
98. c**oo**l
99. P**o**re
100. w**oh**lverdient
101. Mon**o**l**o**g
102. Z**oo**m
103. R**oh**stoff
104. Tres**o**r
105. K**oh**lmeisen
106. F**oh**len
107. Kn**o**ten
108. Mikr**o**wellenherd
109. sch**o**nungslos

ö oder öh ?

1. H**öh**le
2. F**ö**rderung
3. L**ö**sung
4. Str**ö**men
5. Kr**ö**nung
6. bet**ö**ren
7. B**ö**rse
8. Ch**ö**re
9. M**ö**nch
10. t**ö**dlich
11. Z**ö**libat
12. Windb**ö**e
13. Fl**öh**e
14. L**öh**ne
15. Morgenr**ö**te
16. P**ö**bel
17. fr**ö**steln
18. R**öh**rlinge
19. d**ö**sen
20. sch**ö**ne, F**öh**re
21. R**ö**mer
22. K**ö**nig
23. M**ö**rder
24. T**ö**ne
25. fr**ö**nen
26. fr**öh**lich
27. gew**öh**nen

28. Abl**ö**se
29. Verm**ö**gen
30. **ö**lig
31. Erl**ö**sung
32. F**öh**n/als Markenzeichen: Fön
33. F**ö**rster
34. K**ö**rper
35. n**ö**rdlich
36. T**ö**pferkurs
37. t**ö**richt
38. R**öh**re
39. vers**öh**nen
40. Verschw**ö**rung
41. verw**öh**nen
42. Beh**ö**rde
43. H**öh**enangst
44. Fl**ö**te
45. k**ö**stlich
46. por**ö**s
47. V**ö**gel
48. gr**ö**len
49. **Ö**sen
50. verh**öh**nen
51. M**ö**bel
52. T**ö**tung
53. wundersch**ö**n
54. st**öh**nte
55. K**ö**ter
56. l**ö**sen
57. r**ö**sten
58. V**ö**lker
59. Br**ö**sel
60. M**öh**re
61. r**öh**ren
62. spr**ö**de
63. Gew**ö**lbe
64. durchst**ö**bert
65. dr**öh**nt
66. l**ö**blich
67. R**ö**teln
68. l**ö**slich
69. B**öh**merwald
70. Kr**ö**te
71. h**ö**ren
72. B**öh**men
73. Angeh**ö**rige
74. Verk**ö**stigung
75. b**ö**se
76. Geh**ö**lz
77. l**ö**ten
78. W**ö**lfe
79. bl**ö**ken
80. S**öh**ne
81. K**ö**der
82. Geh**ö**r
83. L**ö**we
84. zuzust**ö**pseln
85. Wäschek**ö**rbe
86. St**ö**rung
87. h**ö**flich
88. m**ö**gen
89. z**ö**gerlich
90. Nadel**öh**r
91. Verh**ö**r
92. schm**ö**kern
93. Tr**ö**dler
94. m**ö**glich
95. B**öh**nchen
96. verh**ö**kern
97. M**ö**rtel
98. erb**ö**tig
99. K**ö**rnern
100. Z**ö**glinge
101. unf**ö**rmig
102. N**ö**ten
103. M**ö**rser
104. bew**ö**lkt
105. Get**ö**se
106. Bl**ö**dsinn, geh**ö**rt
107. B**ö**gen
108. Tr**ö**gen
109. G**ö**re

u oder uh ?

1. F**uh**r
2. b**uh**len
3. **Uh**r
4. sp**u**ren
5. R**uh**r
6. Einf**uh**r
7. B**u**nker
8. F**u**nk
9. g**u**ter, K**u**nde
10. R**u**der
11. R**uh**e
12. Tort**u**r
13. Ras**u**r

14. H**uh**n
15. B**u**lgarien
16. F**u**gen
17. K**u**nst
18. R**u**f
19. r**uh**ig
20. Abf**uh**r
21. Sch**uh**e
22. gr**u**selig
23. R**uh**m, Reicht**u**m
24. B**u**merang
25. F**u**rcht
26. K**u**rs
27. R**u**te
28. Geb**u**rt
29. Bl**u**t
30. Abendsch**u**le
31. s**uh**len
32. K**u**r
33. B**u**nd
34. H**u**feisen
35. M**u**li
36. Lag**u**ne
37. Z**u**name
38. M**u**t
39. R**u**del
40. Schw**u**r, R**u**bin
41. Sp**u**r
42. Tr**uh**e
43. B**u**rg
44. h**u**ldvoll, Bl**u**men
45. M**u**mie
46. gen**u**g, Gl**u**t
47. M**uh**en
48. Sp**u**le
49. Aufr**uh**r
50. H**u**rtig
51. d**u**lden
52. h**u**man
53. Z**u**g
54. M**u**se
55. W**u**t
56. Tr**u**thahn
57. D**u**ng
58. H**u**t, Bl**u**se
59. N**u**deln, P**u**te
60. Betr**u**ges
61. p**u**r
62. Schn**u**r
63. Kult**u**r
64. R**u**m
65. P**u**steln
66. K**uh**
67. sp**u**ken
68. ber**uh**en
69. D**u**nstglocke

ü oder üh ?

1. fr**üh**
2. B**ü**ro
3. sch**ü**rst
4. f**ü**llen
5. bedr**ü**ckend
6. Begr**ü**ßung
7. nachf**üh**len
8. G**ü**te
9. ber**üh**ren
10. Begr**ü**ndung
11. verbr**ü**dert
12. Fremdenf**üh**rer
13. **ü**ben
14. gutm**ü**tig
15. schw**ü**l
16. Sandd**ü**nen
17. beg**ü**tert
18. Gef**üh**l
19. erw**ü**rgen
20. hin**ü**ber
21. S**ü**nden
22. verr**üh**ren
23. B**ü**rge
24. M**üh**e
25. f**ü**gen
26. Sp**ü**ren, Ersch**ü**tterung
27. S**üh**ne
28. gek**ü**rt
29. b**ü**ßen
30.w**ü**rdig
31. s**ü**ßen
32. Kr**ü**mel
33. geb**ü**gelt
34. Bef**ü**rchtungen
35. Bel**ü**ftung
36. h**ü**ten
37. Eisk**ü**bel
38. Strohh**ü**te
39. m**üh**sam

40. Lüge
41. glühen
42. Berühmtheit
43. Begünstigungen
44. verbrüht
45. Führung
46. düster
47. Hülse
48. Züge
49. rüde
50. Bürgermeister, befürworten
51. brüten
52. Spülung
53. Brüstung
54. Schüler, Prüfung
55. Kühlschrank
56. Ausrüstung
57. Betrüger
58. Blüten
59. besprühen
60. Düngung
61. Frühstück, Rührei
62. natürlich
63. Berührung
64. Süden
65. Glück
66. spüren
67. sensationslüstern, Würde
68. Bestürzung
69. doppelzüngig

TEIL II:

f, ff oder fff ?

1. Autofahrt, Auspuff
2. offen
3. Angriff
4. pfeifen
5. Affekt
6. häufig
7. aufbrausenden, raufen
8. triftigen
9. Gefieder
10. Schifffahrt
11. hoffe, fühlen
12. Pfeffer
13. Affen
14. paffen
15. haufenweise, Spezialeffekte
16. greifen
17. Gefolge
18. abzudriften
19. gaffen
20. Stofffetzen
21. unauffindbar
22. Pfiff, Büffelgehege
23. Giraffe
24. keifen
25. Neffe
26. teuflischen
27. beschäftigt, anzuhäufen
28. herumzumuffeln
29. lüften
30. Hoffentlich, Schaffner, kaufen
31. umherschweifen
32. Treffen
33. Kaffee
34. Bereifung
35. Erschöpfung, schlaff
36. bewaffnet
37. Muff
38. büffeln
39. Hüfte
40. Zellstofffabrik, Hafen
41. Mafiafilm/Maffiafilm
42. Kartoffeln
43. eingetroffen
44. ergriffen
45. duftende, Seife
46. Spielfeld, werfen
47. Sofa
48. Stickstoffflasche, angefertigt
49. Eifer
50. klaffende
51. süffisant
52. Luft
53. saftig
54. Pfifferling
55. würfeln
56. taufen
57. Mofas
58. Hefe
59. Prüfung
60. liften
61. Karaffe, süffig
62. Waffe

63. Schlachtfeld
64. Ufo
65. Koffer, Bahnhof
66. höflicher
67. stickstofffrei
68. pfiffiges
69. Tafel
70. Ufer
71. Wasserstoffflamme
72. Traufe
73. überprüfte, Reflexe
74. Differenz
75. dürft, giftig
76. Riff
77. scharfe, Kufen
78. Griff
79. Auftrag
80. Löffel
81. Reife
82. Afrika, Safari
83. besoffen
84. Kiefern, aufforsten
85. Öffnung
86. Angriff, defensiv, offensiv
87. triefen
88. Auffahrt
89. schaffen
90. Schliff
91. Saft
92. einfältiger
93. Haft
94. Waffe
95. Begriff
96. Buffet, eröffnet
97. Stofffarbe
98. deftig
99. Schöffen
100. Staffel
101. dürftig
102. Affäre

l, ll oder lll ?

1. Alle
2. Brille
3. allmählich
4. Galle
5. Libelle
6. schnell
7. Schnuller
8. Pelle
9. Geselchtes
10. Ballett
11. allein
12. billig
13. Belagerung
14. Gesellschaft
15. schnelllebig
16. Element
17. Müll
18. Keiler
19. stilllegen
20. Kolben
21. Grillen
22. Fallschirm, kontrollieren
23. Alltag
24. Kellner
25. Sporthalle
26. Metall
27. still
28. Geiselnahme
29. kullerten
30. Nudeln
31. sollten, selber
32. Balsam
33. Protokoll
34. Bestellliste
35. Gemälde
36. Erfolg
37. Handlung, sensationell
38. Baustelle, dübeln
39. Kalzium
40. Willen
41. Beifall
42. Heiland
43. intelligent
44. Null
45. Metalllegierung
46. Quallen
47. Teller
48. Zelle
49. Eile
50. Tabelle
51. halten
52. nochmals, Problem, behelligen
53. Bullaugen
54. Kalender, basteln
55. herumzuballern

56. bekleidet, Stellung
57. Kreislaufkollaps
58. Balllokal
59. Kolonie
60. bellen
61. Kapelle
62. Pullover
63. voll
64. Wiederholungen
65. verwalten
66. fällig
67. mollige
68. fallen
69. Gestaltung
70. Pillen
71. Wolllappen
72. Cholera
73. Ellenbogen/Ellbogen
74. Salto
75. Rolle
76. Kollektion
77. Medaille, Eisschnelllauf
78. Kamillentee
79. verhallt
80. Schal, Hals
81. Fell
82. Beil
83. Kolumbus
84. Karussell
85. Nulllösung
86. Rille
87. Wellen
88. Flussdelta
89. Bulldogge
90. Dolmetsch
91. Kolleg
92. Fußballländerspiel
93. gedrillt
94. Keller
95. Wolle
96. Wildbach, Forelle
97. Walzer
98. Zoll, Schmuggeln
99. Gazelle
100. Ultraschalluntersuchung
101. Salz
102. Kolik
103. Wasserfälle
104. Krallen
105. Segeln
106. Rollladen
107. drall
108. Böller
109. Zuchtbullen
110. Kälte
111. Müller
112. Bolzen
113. kollektiv
114. Stalllaterne
115. Basilika
116. Korallenkette
117. Stillleben
118. Zwillinge
119. Pulver
120. schrille
121. Angelegenheit, Haltung
122. Balustrade
123. zerknüllt
124. Kontrollleuchte
125. Gebrüll
126. Wallach
127. fälschen
128. Gefallen
129. Baldachin
130. Ausstellung
131. Hölle
132. drollig
133. Widerhall
134. Schallloch
135. Gletscherspalte
136. gültig
137. geselliger
138. Einfall, Einfalt
139. Quellen
140. kolossal
141. Kälber
142. Silo
143. fatale
144. Wortschwall
145. Hotel

m, mm oder mmm ?

1. bekommen
2. Gemeinsamkeiten
3. Kilogramm
4. Schlamm
5. Summe

6. Standesa**m**t
7. zusa**mm**en
8. trau**m**atische
9. Deze**m**ber, ko**mm**t, Kra**m**pus
10. Da**m**wild
11. wi**mm**ern
12. Ka**m**pf
13. bre**m**sen
14. de**m**olieren
15. Wi**m**per
16. Sä**m**tliche
17. besti**mm**en
18. Ha**mm**er
19. kru**mm**
20. schli**mm**
21. Bru**mm**en
22. A**m**pel
23. ra**m**poniert
24. aufgesta**m**pft
25. Te**m**peratur
26. är**m**lich
27. Sti**mm**e
28. Hi**mm**el
29. Exe**m**plar
30. dä**m**pfen
31. Gra**mm**atik
32. Ha**m**pelmann
33. Wi**m**pel
34. Ka**mmm**uschel
35. du**mm**
36. verlangsa**m**en
37. Gu**mm**izug
38. Waru**m**, i**mm**er
39. Ja**mm**ern
40. kä**mm**en
41. Ku**mm**er
42. ni**mm**t
43. Dä**mmm**aterial
44. Hausnu**mm**er
45. Fernsehprogra**mm**
46. Telegra**mm**
47. Zi**mm**er
48. Ha**mm**elkeule
49. Ru**m**pelka**mm**er
50. Süda**m**erika, Indiosta**mm**
51. Su**m**pf
52. Se**mm**el
53. Sa**m**t
54. Ste**m**pel
55. La**m**pe
56. La**mm**
57. A**m**sel
58. Gi**m**pel
59. Ra**m**pe
60. Te**m**po
61. Diagra**mmm**aßstab
62. Generalversa**mm**lung
63. Ko**mm**ando
64. stra**mm**
65. Ha**m**stern
66. kä**m**pfen
67. verda**mm**en
68. I**m**pfung
69. Ko**mm**entare
70. Dä**mm**erung
71. auf**m**üpfig
72. Schwi**mmm**eister
73. bu**mm**eln
74. hu**m**peln
75. kü**mm**ern
76. kli**m**pern
77. verko**mm**en
78. E**mm**entaler
79. I**m**biss
80. I**m**ker
81. i**m**itieren
82. Schwa**mm**erl
83. Ste**mmm**eißel
84. Bau**m**wolle, Da**m**ast
85. Lu**m**pen
86. De**m**onstration
87. E**m**otionen
88. Ku**m**pel
89. Gy**m**nasium
90. Ka**m**in, gli**mm**en
91. Sa**m**ba
92. Ru**m**pfbeugen
93. si**m**pel
94. tro**mm**elst
95. ru**m**ort
96. auspu**m**pen
97. Hu**mm**el
98. nu**mm**erieren
99. Kle**mmm**appe
100. Schla**mmm**assen
101. Insgesa**m**t
102. Bru**mmm**agen
103. A**mm**e

104. sym**m**pathisch
105. har**m**los

n, nn oder nnn ?

1. Ta**nn**e
2. dri**nn**en
3. de**nn**
4. Si**nn**
5. De**n**ker
6. ne**nn**en
7. ko**nn**test, si**n**ken
8. dü**nn**
9. gewi**nn**en, Ku**n**st
10. He**nn**e
11. Erfi**n**dung, Ba**nn**
12. Teeka**nn**e
13. Wu**n**de
14. i**nn**en
15. Ha**n**dlung
16. To**nn**e
17. Li**n**se
18. Ki**nnn**arbe
19. Ke**nn**tnis
20. Be**n**zin, Ta**n**k
21. hi**n**
22. fla**n**ieren
23. ha**n**delt, rechtwi**n**keliges
24. Ke**nnn**ummer, eingeble**n**det
25. begi**nn**en
26. stü**n**dlich
27. spa**nn**end
28. Pfa**nn**e
29. abtrü**nn**ig
30. No**nn**e
31. wa**nn**, spo**n**tan
32. Do**nn**erstag
33. gemu**n**kelt
34. Türkli**n**ke
35. Pa**nn**e
36. Dachri**nn**e
37. Se**n**ke
38. Bre**nnn**esseln
39. Bra**n**dung
40. beri**n**gen
41. e**n**dlich, Bedi**n**gungen
42. Sta**n**desdü**n**kel
43. ble**n**den
44. Bi**n**senweisheit
45. Ma**n**tel
46. Ta**n**zen, schwi**n**dlig
47. i**nn**erhalb
48. Bli**n**ken
49. Tischka**n**te
50. Ma**nn**
51. bü**n**dig
52. We**nn**, da**nn**, Ska**n**dal
53. Wa**nn**e
54. Gewi**nnn**ummer
55. Mi**n**ister
56. schle**n**dere
57. Marzipa**n**, Ma**n**deln
58. beke**nn**en, gü**n**stiger
59. So**nn**en, beso**n**ders, i**n**tensiv
60. roma**n**tisch, we**nn**, Weinra**n**ken
61. Pi**n**sel
62. herauszuwi**n**den
63. Kli**n**gel
64. bli**n**zeln, ko**nn**te
65. Wo**nn**e

p, pp oder ppp ?

1. Hau**p**tgang, Su**pp**e
2. Lu**p**e
3. Ge**p**olter
4. Li**pp**e
5. schla**pp**machst
6. Tri**pp**eln
7. Ka**p**lan
8. a**p**art
9. Di**p**lom
10. Kli**pp**en
11. Hu**p**fer
12. O**p**fer
13. Po**p**corn
14. Re**p**aratur
15. ru**pp**iges
16. Wa**pp**en
17. Ste**pp**e
18. Ku**p**fer
19. Attra**pp**e
20. Pu**pp**e
21. schna**pp**en
22. de**p**onieren
23. schle**pp**en
24. Si**pp**e
25. Ka**p**seln

26. A**p**osteln
27. Di**p**lomat
28. ge**p**unktet
29. Hy**p**nose
30. O**p**ium
31. po**pp**ig
32. Re**p**ort
33. su**p**er
34. ta**pp**t
35. Schle**ppp**insel
36. wa**pp**nen
37. Geri**pp**e
38. Ha**pp**en
39. Schle**pp**tau
40. A**pp**ortieren
41. Ka**p**itän
42. Koo**p**eration
43. Reze**p**t, A**p**otheke
44. do**pp**elt
45. ha**p**ert
46. Ja**p**an
47. O**pp**osition
48. po**p**ulär
49. re**p**räsentieren
50. Wel**p**e, ta**p**sig
51. Baumwi**p**fel
52. Sternschnu**pp**e
53. A**p**fel
54. La**pp**en
55. Hu**p**e
56. Ko**p**f
57. Fingerku**pp**e
58. Du**p**likat
59. Galo**pp**er
60. Fernseha**pp**arat, ka**p**utt
61. La**pp**alie
62. Pa**p**agei
63. Te**pp**ich
64. Pu**p**ille
65. za**pp**eln
66. Pa**ppp**lakat
67. O**pp**ortunist
68. Kra**p**fen
69. Holzsta**p**el
70. kla**pp**rig
71. Pa**p**rika
72. A**pp**laus
73. Ko**pp**el
74. Ka**p**ital
75. Ma**pp**e
76. wi**pp**en
77. ho**p**sen
78. ke**pp**eln
79. Ki**ppp**latte
80. Lebensmitteldepo**p**t
81. Ste**pp**decken
82. Ka**p**elle
83. kna**pp**
84. A**pp**likation
85. ha**pp**ig
86. Ze**p**ter
87. Kochto**p**f
88. umki**pp**en
89. Ka**p**uze
90. Ka**p**itel
91. ni**pp**t
92. Ra**p**s
93. Ku**pp**el
94. Leo**p**ard, Ge**p**ard
95. Pa**p**ier
96. ra**p**id
97. Re**p**til
98. Zi**pp**verschluss
99. se**p**arat
100. Ki**p**ferl
101. Ta**p**ete
102. A**p**eritif
103. De**p**ressionen
104. Tor**p**edos
105. Ti**pp**
106. abtu**p**fen
107. O**p**er
108. kre**p**ieren
109. A**pp**etit
110. Co**p**ilot
111. Mo**p**ed
112. Ste**ppp**olster
113. ge**p**laudert
114. Na**p**f
115. Zo**p**f
116. De**pp**
117. Li**p**izzaner
118. Pa**pp**becher
119. Ho**p**fen
120. Re**p**ublik
121. Ra**pp**e
122. Sa**pp**erlot
123. pie**p**sen

124. Gepla**pp**er
125. Pa**p**st
126. O**p**timum
127. To**p**fen
128. sim**p**el
129. Ne**pp**
130. Ra**p**unzel
131. Hohlhi**pp**en
132. Gru**pp**e
133. Lärm**p**egel
134. Hä**pp**chen
135. to**p**fit
136. ja**p**sen
137. ü**pp**ig
138. se**p**arat
139. Hi**pp**ie
140. herumzu**p**fen
141. Kre**ppp**apier
142. ka**p**itulieren
143. sto**pp**en
144. Ägy**p**ten
145. schni**pp**isch

r, rr oder rrr ?

1. he**rr**lich
2. Dü**rr**eperiode
3. Ko**rr**idor
4. schnu**rr**en
5. Ka**r**pfen
6. i**rr**en
7. behe**rr**schen
8. ert**r**age, trau**r**ig
9. Unte**rr**icht
10. Ga**r**antie
11. Zwi**r**n
12. Na**rr**
13. ta**r**nen
14. ersta**rr**t
15. Ka**rr**iere
16. me**r**klich
17. knu**rr**en
18. Gewi**rr**
19. E**r**barmen
20. Bah**r**e
21. He**rr**
22. Gita**rr**e
23. Übe**rr**aschung
24. He**r**berge
25. sta**rr**en
26. scha**r**enweise
27. Geschi**rrr**einiger
28. e**rr**ungen
29. mu**rr**en
30. verscha**rr**t
31. Ka**r**ikatur, Fa**r**be
32. Verwi**rr**ung
33. Ge**r**ücht, Ve**rr**uf
34. mü**rr**isch
35. Ba**r**iton, Na**r**be
36. Tü**r**kei
37. ha**rr**t
38. He**r**z
39. Ka**rr**en
40. e**rr**eichen
41. I**rr**tum
42. Ka**r**neval, gefeie**r**t
43. Siche**r**heitsgu**r**t
44. anze**rr**st
45. le**r**nst, Ba**r**on
46. Pa**r**te**rr**e
47. He**rr**scher
48. Ka**r**otte
49. Ba**rr**ieren
50. i**rr**itieren
51. Schnu**rr**ba**r**t
52. Ka**r**affe, se**r**viert
53. Pfa**rrr**eise
54. Fa**r**m, Ge**r**ste
55. Goldba**rr**en
56. Ka**r**ate
57. Ge**r**te
58. stö**rr**isch
59. Spe**rrr**iegel
60. Ga**r**ten, ba**r**fuß
61. Be**r**sten
62. gu**rr**t
63. ga**r**stig
64. Su**rr**en
65. Fa**r**n

s, ß, ss oder sss ?

1. E**ss**ig
2. Kla**ss**ik
3. verla**ss**en
4. Absze**ss**
5. La**ss**o

6. böse
7. Fliesen
8. Anlass
9. grässlich
10. Klasse
11. essen
12. Lust
13. groß
14. kolossal
15. tausend
16. gießt
17. Süßigkeiten, Fresssack
18. Straße
19. hässlich
20. Kies
21. draußen
22. Reis
23. floss
24. säuseln
25. las, Vers
26. gepresst
27. Schlussstrich
28. hassen
29.Verschlussschraube
30. Spaß
31. Schloss
32. Regenguss
33. Narzissen
34. aßen
35. verlässlich
36. brausen
37. Zeugnis
38. Meise
39. müssen, messen
40. büßen
41. Waldschneise
42. vergaß
43. Riss
44. musst, Kuchenmasse
45. Husten
46. Würstel, Imbissstand
47. Füße
48. Gefäß
49. Moskau, Fluglotsen
50. Kürbis
51. brauchst, Versagen
52. Fresssucht
53. Verdruss
54. kassiert
55. Schoß
56. Wasser
57. Schuss
58. Grießkoch
59. Assistenten
60. blass
61. Umrisse, außen
62. Gassen
63. Prinzessin
64. aufpassen
65. Biss
66. Faserstiften
67. Floß
68. weißes
69. wisst
70. Reisig
71. Ausgangsbasis
72. versinken
73. Nassschnee
74. lassen
75. Wirrnis
76. Stoß
77. Ass
78. riskant
79. besten
80. Messer
81. Schluss
82. Zinsen
83. bremsen
84. genießen
85. Gruß
86. vergisst
87. niesen
88. Spies
89. Laus
90. Geisel
91. Kosten
92. Kongressstadt
93. Tasse
94. Boss
95. absolut, lustig
96. besser
97. heiß
98. Heizkessel
99. hausen
100. scheußlich
101. muss, hasten
102. Meniskus
103. genusssüchtig

104. Mus
105. Kussszene
106. Strauß
107. Walross
108. stieß
109. Terrasse
110. Fisolen, Gemüse
111. Fraß, essen
112. Bus
113. Autoschlüssel
114. heiser
115. reißen
116. tosender
117. Ruß/Russ
118. Wüste
119. Flussschlinge
120. Messe
121. fassen
122. Narkose
123. Los
124. bloß
125. hingeschmissen
126. Fuß
127. weiß
128. mussten, fesseln
129. Basssänger
130. muss, fasten
131. Nussschale
132. massieren
133. Explosion
134. besonders
135. Besen
136. Bluse
137. musst, Preisschild
138. saßen, Musik
139. Beweis
140. Fleiß
141. Missstand
142. essen, Mensa
143. Basar
144. Presse
145. Fass
146. Schließlich
147. Opernsänger
148. räuspern
149. Stresssituationen, nervös
150. Insassen, Aussteigen
151. weise
152. Passstraße
153. grinsen
154. Gast
155. Gewissen
156. Venus, Mars
157. fließen
158. äußern
159. Wiesel
160. Kleister
161. aussetzen
162. Zusammenfassung
163. Ausweis
164. knusprig
165. Kissen
166. mussten, schließen
167. Flusssand
168. müssen, sausen
169. deshalb, Ausrede
170. Brösel
171. Kanister
172. Pressspan
173. Kreisel
174. Pässe
175. Verlass
176. Ausmaß
177. düster
178. Resultat
179. interessierst
180. Kunstbanause
181. gewiss
182. rasen
183. Kompass
184. vergessen

t, tt oder ttt ?

1. Blatt
2. Gewitter
3. Mutter, Vater
4. Lebensmotto
5. Korsetts
6. Botanik
7. Ratte
8. Metro
9. adrett
10. Euter
11. Briketts
12. Betttuch
13. Gatter
14. Bottich

15. matt
16. Zigaretten
17. Rat
18. nett
19. Tablette
20. glatt
21. Bitte
22. Trottel
23. artig
24. Mittag
25. Schritt, tut
26. Lotto
27. schattiges
28. Amulett
29. kitschig
30. Batterie
31. Eiter
32. Parkettboden
33. stottern
34. Beutel
35. losreitest, satteln
36. Platte
37. Schutt
38. Festbankett
39. Hütte
40. Schritttempo
41. Brett
42. Hantel
43. Matte
44. satt
45. fetttriefenden
46. Toilette
47. anstatt
48. kaputt
49. enttäuschen
50. Kette
51. hantig
52. Klarinette
53. Schmetterling
54. Tat
55. Schlitten
56. Mitte
57. konterst, Beute
58. Torte
59. Weite
60. bankrott
61. Wetterbericht
62. flott, unterwegs
63. Wellensittich
64. Ansichtskarte
65. Retter, Not
66. Meute
67. Balletttänzer
68. Datteln
69. Watte
70. Zettel
71. zitterte, Mantel
72. Werkstatttür
73. Wettturnen
74. Meter
75. Kanten
76. Breite
77. Kittel
78. betteln
79. Sitten
80. Dotter
81. lotsen
82. Rattern, laut
83. Bart
84. Batikkurs
85. Kuttelfleck
86. Operette
87. Tritt
88. Brut
89. Konto
90. Futter
91. gekentert
92. Menuett
93. Christmette, Gott
94. Buffettisch
95. Keltern
96. heute, Schmerzmittel
97. verwittert
98. Ehegatten, ausgeglitten
99. Betongeschäft, Pleite
100. Kater
101. bitter
102. Klette
103. Kutte
104. Gitter, angekettet
105. kitten

TEIL III

b oder p ?

1. Papier

2. **B**echer
3. Ka**b**el
4. **B**art, überhau**p**t
5. **B**euschel
6. **B**astard
7. **P**alatschinke
8. **B**ezirk
9. **B**lase
10. **P**akt
11. **B**atzen
12. **P**lage
13. **P**ullover
14. **P**olster
15. **P**ech
16. **P**insel, Far**b**e
17. **P**ro**b**lem
18. **B**ehelf
19. **p**acken
20. **B**alsam
21. **b**efindet, **B**lech
22. Al**p**enzoo, Bi**b**er
23. Urlau**b**, **P**almenstrand
24. **p**eitschen
25. **P**unkt
26. **B**ett
27. Lo**b**
28. **p**lappern
29. Tro**p**fen
30. **B**iest
31. **B**lut
32. **P**anik
33. **B**all
34. **B**emerkung
35. **P**farrer, **B**eichte
36. **b**acken
37. **B**and
38. Allgemein**b**ildung
39. **B**ohnen
40. **P**antoffel
41. **P**endler
42. **P**iano
43. **P**uma, Rau**b**katzen
44. **p**aniert
45. **P**anda, **B**är
46. Sum**p**f
47. **B**enzin
48. **B**ecken, auspum**p**en
49. **P**elzmantel
50. **p**latt
51. **B**eisl
52. **B**ürste
53. un**b**eholfen, **p**lump
54. **B**rauerei, **B**ier
55. **B**leigießen
56. **B**ord
57. **P**okal
58. **P**erlenkette
59. **b**aden
60. Jo**b**
61. Her**b**st, **B**lätter, **B**äumen
62. Kam**p**f
63. **B**erg
64. **B**eweis
65. **b**arfuß
66. **B**acke
67. **p**erfekte, **P**aar
68. **b**immeln
69. Pa**p**rika
70. **B**iotonne
71. **B**ruch
72. **P**olitik
73. **P**erson
74. **B**eruf
75. **B**asar
76. **P**ortionen
77. **B**rief
78. **P**aris, Lie**b**e
79. **P**aradies
80. Skor**p**ion
81. **P**endel
82. **P**ass
83. **B**üschen
84. **P**irsch
85. **B**estie
86. kunter**b**unt
87. **B**ass
88. Lum**p**en
89. **P**aket, **P**ost
90. **P**ilot
91. **P**arlament
92. **B**edarf
93. **P**artie
94. **p**rivate
95. **P**est
96. **B**agger
97. **B**au
98. **B**edeutung
99. **B**ischof

100. **B**irken
101. **P**roduktion
102. weiter**p**laudern
103. **B**akterien
104. **P**alette
105. **B**retter
106. Kar**p**fenteich
107. **p**atzt

d oder t ?

1. Hun**d**, bekomm**t**, **D**ose
2. Bran**d**
3. dringen**d**, Ra**t**
4. Ran**d**
5. **T**ennis, Spor**t**
6. **D**ienst
7. **T**hema, absolu**t**, **t**abu
8. **D**atteln
9. **D**orsch
10. **D**utzend
11. Stun**d**e, wich**t**igen, **T**ermin
12. **D**emut
13. min**d**er
14. Bal**d**, öffen**t**lich
15. En**t**wicklung, Wir**t**schaft
16. beginn**t**
17. Mun**d**
18. Ra**d**
19. bun**t**
20. **T**ag, Verban**d**
21. **D**atum
22. **D**achs
23. **T**ropen
24. Demokra**t**ie
25. **D**usche
26. laufen**d**, Komplimen**t**e
27. Bun**d**
28. sitzen**d**
29. ge**t**adelt
30. **D**isziplin
31. gefäll**t**, **T**eppich
32. trink**t**
33. fähr**t**, En**d**haltestelle
34. Versan**d**
35. weinen**d**
36. Wan**d**erer, Fun**d**
37. **D**otter, **t**rennen
38. Län**d**er
39. Gel**d**, Kon**t**o
40. **D**inge
41. **T**eufel, Wan**d**
42. Rin**d**e, zerstör**t**
43. **D**raht, gemach**t**
44. sieg**t**
45. **d**reist
46. **T**heater
47. aufbrausen**d**
48. **T**urnus
49. benimm**t**, **D**iva
50. **T**anzen, **T**akt
51. Geh**t**, gu**t**
52. **T**est
53. **D**iagnose
54. **T**rockner
55. **T**itel
56. spielen**d**
57. Zemen**t**
58. to**t**al, verstän**d**lich
59. gran**t**ig
60. gewal**t**ige, **D**elle
61. Boo**t**
62. suchen**d**
63. Han**d**
64. **t**anken
65. A**t**omkraftwerk, **d**emonstrieren
66. Sa**t**z
67. **T**ipp
68. **D**rogen
69. Pu**t**zen, grün**d**lich
70. Fun**d**ament
71. **T**extes, **D**olmetsch
72. Wartelis**t**e, en**d**los
73. **t**oll
74. Kin**d**
75. Hoch**d**eutsch, **D**ialekt
76. Gra**t**ulant
77. wünsch**t**e, Mon**d**
78. Labyrin**t**h, lo**t**sen
79. Kun**d**in
80. Modetren**d**, informier**t**
81. **t**ief
82. bedeuten**d**
83. **T**alg
84. Kö**d**er
85. Schokola**d**e, Lieblingssor**t**e
86. Journalis**t**, **T**atsachen
87. or**d**entlicher

88. Ko**t**, lieg**t**
89. **d**eshalb, **D**iät
90. lachen**d**
91. To**d**
92. **T**empo
93. nie**d**lich
94. war**t**et
95. **T**ochter
96. Sei**d**e
97. aufgebrach**t**
98. Bo**t**schaft
99. verbring**t**, singen**d**
100. Tor**t**e
101. Sei**t**e
102. Mag**d**
103. en**d**lich
104. Tin**t**e
105. Pa**t**rone
106. **T**oilette
107. Anwal**t**, **D**okument
108. **T**resor, Sicherheitsco**d**e
109. San**d**
110. **d**ort
111. **T**ier, Kö**t**er
112. Wu**t**
113. Ba**d**
114. **T**anne
115. Mu**t**
116. demnächs**t**
117. hilf**t**, Man**t**el
118. Wal**d**, ungemü**t**lich
119. fin**d**en
120. kal**t**
121. Man**d**eln
122. Pu**t**e
123. Metho**d**en, **d**rastisch
124. **t**augen
125. **T**echnik
126. **T**au
127. **D**essert
128. **d**icht
129. **D**om
130. Mäh**d**rescher
131. Ge**d**icht
132. **T**obsucht
133. **T**omaten
134. Tra**d**ition
135. lau**t**, **T**on
136. **d**rehen
137. **D**iktator, **D**enkmal
138. **D**aumen
139. Mor**d**, **D**elikt
140. Koch**t**opf
141. Kondi**t**ion
142. **d**efinitive
143. Agen**t**en
144. **D**ialog
145. Jag**d**, en**t**setzlich
146. **T**uch, **T**inte
147. a**d**eligen

ei oder ai ?

1. W**ei**se, w**ei**t
2. br**ei**t
3. fr**ei**
4. bew**ei**sen
5. L**ai**e
6. M**ai**
7. unh**ei**mlich
8. Besch**ei**d
9. Kart**ei**
10. Ver**ei**n
11. H**ai**n
12. Pf**ei**l
13. Part**ei**
14. l**ei**hen
15. W**ai**se
16. w**ei**t
17. l**ei**chter
18. R**ei**se
19. M**ai**land
20. Kl**ei**ster
21. bl**ei**ch
22. P**ei**tsche
23. W**ei**le
24. Samur**ai**schwert
25. S**ei**fe
26. Angr**ei**fer, vert**ei**digen
27. r**ei**ten
28. Spiegel**ei**
29. Tr**ai**ner
30. Th**ai**land
31. T**ei**ch
32. R**ei**he
33. K**ai**mauer
34. Z**ei**len
35. Feuer**ei**fer

7. san**g**
8. Tu**g**end
9. gelin**g**t
10. **K**andidat
11. **K**anzlei
12. **K**rippe
13. **G**laube
14. sin**k**t
15. Geschen**k**
16. Ba**k**terien, Mi**k**roskop
17. a**k**ut
18. ele**k**trisch
19. stren**g**
20. Re**k**lametafeln
21. Dan**k**
22. ange**k**lagt
23. **K**alender
24. Gartenban**k**
25. len**k**t
26. Sicherheits**g**urt
27. star**k**er, Mi**g**räne
28. **K**apitel
29. Sa**k**rament
30. Bur**g**
31. **K**riterium
32. bie**g**t
33. **K**laue
34. **G**räuel
35. tran**k**
36. den**k**t
37. **G**letscher
38. blin**k**t
39. Demo**k**ratie
40. **G**ruft
41. hän**g**t, **K**lotz
42. **K**luft
43. klin**g**t
44. le**g**t
45. **K**unst
46. **G**rafik
47. trin**k**t
48. win**k**t
49. **K**ommando
50. **g**limpflich
51. Gestan**k**
52. Le**g**ende
53. A**k**tion
54. **G**unst
55. Rundfun**k**
56. a**k**tiv
57. mer**k**t
58. Fernsehpro**g**ramm
59. Si**g**nal
60. bir**g**t, Wa**g**nis
61. wir**k**lich, lo**g**isch, den**k**en
62. **G**ruppe
63. za**g**hafter
64. **k**itschig
65. Or**g**anismus
66. Di**k**tator
67. Kal**k**
68. Ma**g**azin
69. ent**k**or**k**t

k oder ck ?

1. A**ck**er
2. Len**k**en
3. Se**k**t
4. Herzinfar**k**t
5. ba**ck**en
6. Ro**ck**
7. zurü**ck**bli**ck**en
8. Brü**ck**e
9. Straßenblo**ck**ade
10. Subje**k**t, Obje**k**t
11. abra**ck**ern
12. De**ck**e
13. ste**ck**en
14. Ausdru**ck**, abstra**k**t
15. di**ck**
16. Affe**k**t
17. Le**ck**
18. drü**ck**en
19. Afri**k**a
20. Singa**k**ademie
21. lo**ck**er
22. Lo**k**al, E**ck**e
23. A**k**robaten
24. nu**k**learen
25. A**k**t
26. Fle**ck**
27. Tri**ck**
28. we**ck**en
29. Drogendeli**k**t
30. Ko**k**ain
31. Glü**ck**
32. A**k**tien

33. E**k**el
34. Pra**k**ti**k**en
35. kran**k**
36. aufgeta**k**elt
37. Knochenfra**k**tur
38. Mü**ck**enstiche, ju**ck**en
39. La**ck**
40. le**ck**er
41. A**k**ustik
42. pa**ck**en
43. pflü**ck**en
44. Tan**k**er
45. Lo**ck**en
46. Ni**k**olaus, Geschen**k**e, Sa**ck**
47. schme**ck**en
48. Sto**ck**
49. Stü**ck**
50. Ha**k**en
51. Schla**ck**e
52. Ma**k**ler
53. Pun**k**t
54. a**k**ut
55. Musi**k**, wir**k**en
56. Di**k**tat, wir**k**lich
57. Ane**k**dote
58. a**k**zeptieren
59. Bä**ck**erei
60. dan**k**en
61. Wer**k**
62. An**k**er
63. Bal**k**on, den**k**e
64. Mus**k**eln
65. Pa**k**et, schi**ck**en
66. Schran**k**en
67. dun**k**le, Regenwol**k**en
68. Anki**ck**
69. Zwe**ck**
70. Blo**ck**
71. Pa**ck**elei
72. Win**k**el
73. san**k**
74. Scho**ck**, Mar**k**
75. Fin**k**
76. Inspe**k**tor
77. Anti**k**e
78. Ba**k**schisch
79. stär**k**en
80. Da**ck**el
81. Trin**k**geld, in**k**lusive
82. Inje**k**tion
83. Vol**k**
84. Atta**ck**e
85. Eispi**ck**el
86. Zu**ck**er
87. Infe**k**tion
88. Lo**k**al
89. Fra**ck**
90. ex**k**lusiv
91. Vergnügungspar**k**, Attra**k**tion
92. Baro**ck**
93. ö**k**onomisch
94. wi**ck**eln
95. aufmu**ck**en
96. defe**k**t
97. Se**k**unde
98. Fabri**k**at
99. He**k**ti**k**
100. Au**k**tion
101. Ba**k**terien
102. A**k**zent
103. Diale**k**t
104. einste**ck**en
105. Fa**k**ir
106. E**k**stase
107. Vitaminne**k**tar
108. S**k**un**k**, stin**k**t
109. Konfli**k**t
110. Ban**k**
111. autar**k**
112. Endeffe**k**t
113. Ban**k**ett
114. ga**ck**ern
115. Hen**k**el
116. Bara**ck**e
117. Ha**ck**e
118. Ka**k**ao
119. Taba**k**
120. Geheimpa**k**t
121. Barri**k**aden
122. Deba**k**el
123. Gebä**ck**
124. Kna**ck**wurst
125. Le**k**tion
126. Wer**k**en, Bati**k**
127. Ro**ck**er, Be**ck**en
128. Fran**k**en, Ka**k**tus
129. Amo**k**lauf, schre**ck**liches, Massa**k**er

130. Ru**ck**sa**ck**, Pi**ck**ni**ck**
131. Pi**k**
132. Ko**k**erei
133. O**k**ular
134. De**k**an, Frühstü**ck**, Bis**k**otten
135. Fal**k**e, Spu**k**schloss
136. Glo**ck**e
137. Mi**k**roben
138. blan**k**em, Respe**k**t
139. Scho**k**olade
140. Ke**k**se
141. bo**ck**ig, e**k**elig
142. tü**ck**isch
143. wel**k**
144. Schi**ck**sal
145. Eindru**ck**
146. wan**k**elmütigen
147. Bemer**k**ung
148. kni**ck**en
149. fun**k**elt
150. Gesteinsbro**ck**en
151. Lü**ck**e

z oder tz ?

1. Ar**z**t
2. le**tz**ter
3. schü**tz**en
4. Noti**z**
5. Konkurren**z**
6. Tan**z**
7. Kan**z**el
8. ein**z**igartig
9. stu**tz**ig
10. verschmi**tz**t
11. Glan**z**
12. se**tz**e, Mü**tz**e
13. Wi**tz**
14. Luftmatra**tz**e
15. tro**tz**ig
16. Wei**z**en
17. pla**tz**ieren
18. Bli**tz**
19. O**z**ean
20. Ge**z**eiten
21. ausnü**tz**en, spa**z**ieren
22. Har**z**
23. Wan**z**e
24. Mün**z**e
25. Pel**z**mantel
26. Hi**tz**e
27. begren**z**en
28. je**tz**t
29. Ka**tz**en
30. schä**tz**en
31. verle**tz**t
32. ki**tz**eln
33. Kreu**z**
34. kra**tz**en
35. Plö**tz**lich
36. pu**tz**en
37. Sa**tz**
38. bren**z**lig
39. Kau**z**
40. her**z**lich
41. Scha**tz**
42. stol**z**
43. War**z**e
44. Ge**z**anke
45. stro**tz**en
46. schmu**tz**ig
47. Tro**tz**dem
48. si**tz**en, Spa**tz**en
49. Schür**z**e
50. Geschne**tz**elten, Sal**z**
51. blin**z**eln
52. Bei**z**e
53. Be**z**irke
54. ausmer**z**en
55. Gei**z**
56. Schmer**z**en
57. spi**tz**winkeliges
58. Gla**tz**e
59. be**z**eugen
60. Mär**z**
61. schwän**z**en
62. gan**z**, win**z**ig
63. Stü**tz**e
64. Wür**z**e
65. ausnü**tz**en
66. Du**tz**end
67. angespri**tz**t
68. glo**tz**en
69. pu**tz**ig
70. angepa**tz**t

Teil IV

A

1. Hefte, Tisch
2. Samstag, Kino
3. Schularbeit, Zweier
4. etwas
5. gehen, eislaufen
6. Monat, Urlaub
7. Onkel, Pleite
8. heurigen, Sommer
9. Gram
10. bitte, Fenster
11. einem, leidtun
12. Freund, jemals
13. Schuld
14. Arbeit
15. Abruf, bereit
16. Ober, Glas, Bier
17. Hinsicht, neue, ändern
18. Aufregung, überhaupt
19. zur, Not
20. Gedanken
21. Aufgrund/Grund, voran
22. Freunde, Rücksicht
23. oft, Seite
24. weiter
25. heute, Früh
26. dafür, Erklärung
27. Weggang
28. zwei, spielende
29. Mehr, Kosten
30. Mutter, junge, Frau
31. Vonseiten/Seiten, nichts
32. Tief, Hoch
33. Essen, Wert
34. Märchen, gut
35. Seite
36. erwachsen
37. außer, Acht
38. früher, Wald
39. Erster, Ziel
40. niemals, Hoffnung
41. Farbe, Betracht
42. Weihnachten
43. Angst, Schlangen
44. Jahreszeit
45. Betracht, ziehen
46. zerbricht, Missverständnis
47. Hilfe
48. Lust, Getränk
49. Kauf, nehmen
50. Foto
51. Auto, fahren
52. Neuanfang, nie
53. Maschine schreiben
54. Suppe, Salat
55. Theaterstück
56. Kegel, schieben
57. Welt
58. Diät, halten
59. gelaunt, grantig
60. zugunsten/zu, Gunsten
61. Test, fünfzehn
62. alles, infrage/Frage
63. Ruhe
64. Hunderter
65. Vase, dunkelrote, Rosen
66. Gespräche
67. heute, Morgen
68. Dreizehn
69. zuleide/Leide, tun
70. gute, Dinge
71. Gefühl, zuwege/Wege, bringen
72. Tasse, Tee
73. Folge, leisten
74. Maikäfer, Schädling
75. maßhalten/Maß, halten
76. Meer, schwimmen
77. Rad, fahren
78. Operation, Hände
79. Not, leiden
80. Benehmen, unerhört
81. recht/Recht
82. Wettkampf, Start
83. pleitegehen
84. Lösung, Rätsels
85. Drohung, Ernst
86. Fell, Hundes
87. Schuld
88. morgen, Abend
89. recht/Recht, behalten
90. Oper
91. allen, Angst, Bange
92. Wahrheit, richtig
93. letzten, Endes

94. **B**esprechung
95. **m**orgen, **M**ittag
96. **L**auf, **Z**eit
97. **g**erade, **v**ertrauenerweckend/**V**ertrauen, **e**rweckend
98. **b**itten
99. **G**egner, **r**echt/**R**echt, **b**ekommen
100. **V**ertrag
101. **a**chtgeben/**A**cht, **g**eben
102. **m**üde, **B**ett
103. **h**ilfesuchend/**H**ilfe, **s**uchend
104. **J**ahr, **n**euen, **L**ehrer
105. **v**ier, **S**emmeln
106. **r**iesige, **E**nttäuschung
107. **E**rste, **K**lasse
108. **R**egentropfen, **F**enster
109. **K**ummer, **z**ugrunde/**G**runde, **g**ehen
110. **g**roß, **F**euerwehrmann
111. **u**nrecht/**U**nrecht
112. **S**tall, **d**rei, **a**cht
113. **ü**bermorgen, **M**ittag
114. **N**erven
115. **g**eplanten, **A**briss
116. **P**robe, **f**ahren
117. **G**efallen
118. **V**erschlechterung,
Besorgnis, **e**rregend
119. **g**estern, **A**bend
120. **G**eldbörse
121. **W**alzer, **t**anzen
122. **g**uten, **M**utes
123. **T**omaten
124. **h**eißen, **S**onnenstrahlen, **H**aut
125. **z**wei, **T**öchter
126. **A**ufregung, **k**opfstehen
127. **g**anzen, **K**eller
128. **f**ünf, **z**urande/**R**ande
129. **G**eschenk, **F**reude
130. **B**uch
131. **D**ritten, **o**ffenherzig
132. **S**echser, **L**otto
133. **S**eptember, **F**est
134. **H**ause
135. **E**ntscheidung, **l**eicht
136. **z**uschulden/**S**chulden, **k**ommen
137. **M**ontag, **S**chule
138. **z**ustande/**S**tande, **b**ringen
139. **K**üche, **s**auber
140. **A**ufgabe, **l**ernen
141. **A**usstellung, **B**ilder
142. **e**iniges, **z**utage/**T**age, **f**ördern
143. **F**ranzose, **E**ngländer
144. **E**rklärung
145. **w**eiteres, **L**eben, **E**rfolg
146. **V**erhalten, **z**ugetraut

B

1. **m**angels, **I**nteresse
2. **d**unkelblaues
3. **A**ugenblick, **A**rbeit
4. **a**ngst, **b**ange
5. **t**eilnehmen
6. **l**eid, **A**nruf
7. **l**aut, **U**rlaub
8. **A**ufregung
9. **E**ssen, **b**esonders
10. **K**affeekochen, **h**eißes
11. **A**ufsatz, **E**rste
12. **H**erzklopfen
13. **g**estrigen, **S**üßes, **S**aures
14. **e**ingesehen, **v**orbei
15. **A**nraten
16. **D**ein, **M**ein
17. **D**urcheinander, **C**haos
18. **m**orgens, **s**chlecht
19. **W**esentlichen
20. **B**ericht
21. **B**emerkung, **S**chwarze
22. **A**ngestellten, **l**achen
23. **S**pannendes
24. **Z**eitliche
25. **L**aufen, **W**ahre
26. **A**uf, **A**b
27. **K**leinste
28. **s**taunen
29. **E**ntscheidung, **B**esten
30. **N**ein
31. **N**acht
32. **J**ung, **A**lt
33. **p**leite
34. **Z**eit, **z**urückdenken
35. **L**eben, **J**etzt, **H**ier
36. **R**auchen, **a**ufhörst
37. **V**erurteilte, **G**nade
38. **S**chlechtes
39. **E**ntferntesten, **s**tehlen
40. **S**pieler, **R**egeln
41. **B**eteiligten, **B**este

42. **H**aus, **G**rünen
43. **V**erständnis
44. **E**rziehung, **A**rgen
45. **a**nfangs, **I**dee
46. **L**eichtes, **v**ergeben
47. **v**erboten, **a**bseits
48. **A**ch, **K**rach
49. **G**eschehene
50. **N**ichts
51. **L**aufenden
52. **g**anze, **S**ache
53. **G**leiches, **G**leichem
54. **V**oraus
55. **P**rozess, **e**wig
56. **N**achhinein, **k**lüger
57. **E**r, **S**ie
58. **v**iele, **h**ungers
59. **L**angen, **B**reiten
60. **g**erechte, **S**trafe
61. **B**lau, **R**ot
62. **E**rster
63. **B**öses
64. **V**erabredung, **V**erschiedenes
65. **G**anze
66. **j**eder, **E**inzelne
67. **A**bschied, **G**eschenk
68. **a**lles, **Ü**brige
69. **T**rennung, **s**ich, **R**eine
70. **g**ehen/**G**ehen
71. **M**orgen
72. **b**laue, **g**rüne
73. **F**remde, **M**einen
74. **W**enn, **A**ber
75. **L**eben, **M**ond
76. **r**echtens
77. **m**ittels, **F**ingerabdruck
78. **U**nbekannte, **e**rkennen
79. **Z**ögern, **a**llmählich
80. **W**ichtiges
81. **k**leinste, **D**etail
82. **a**nbieten
83. **S**chlimmste
84. **V**ierte, **d**agegen
85. **d**ank, **H**ilfe
86. **W**iedersehen
87. **d**onnerstags, **T**ennis
88. **s**chuld
89. **U**mdrehen, **e**rlaubt
90. **m**ittels, **P**rozentrechnung
91. **B**iegen, **B**rechen
92. **S**prung
93. **R**echte, **D**ritter
94. **N**ächste
95. **E**ntschädigung
96. **F**olgendes
97. **s**elbst, **w**illen
98. **P**osten
99. **t**eils, **t**eils
100. **a**ngesichts, **T**odes
101. **B**rot, **B**utter
102. **T**at, **D**anach
103. **g**elben, **r**oten
104. **W**ie
105. **O**perierte, **s**pazieren
106. **f**olgenschwerer, **U**nfall
107. **F**angenspielen
108. **E**ntweder, **O**der
109. **W**agen
110. **H**ören, **S**ehen
111. **w**illens, **w**iederholen
112. **g**ewisse, **E**twas
113. **S**ommer
114. **N**achbarin, **D**u
115. **S**chnupfen, **H**usten
116. **s**chwierig, **r**ichtigen, **W**orte
117. **a**lles, **A**lten
118. **Z**ug
119. **n**amens, **B**elegschaft
120. **l**eicht
121. **a**bends, **s**tatt
122. **z**eit, **L**ebens
123. **l**esen/**L**esen
124. **l**autes, **R**ollen
125. **k**raft, **M**ann, **F**rau
126. **A**usschlaggebende
127. **S**chüler, **P**lätzen
128. **S**chuss, **J**enseits
129. **G**ewaschene, **W**äscheleine
130. **N**äheren
131. **i**ntelligent, **f**leißig
132. **B**eistand, **d**anken
133. **A**llgemeinen
134. **l**esen
135. **E**inkauf, **R**ichtige
136. **A**bneigung
137. **A**ber, **V**orankommen
138. **M**usik
139. **H**in, **H**er, **n**ervös

140. schönes, Wochenende
141. Kindern, Mögliche
142. begegnen
143. Unfassbare
144. Älteste, zehnten
145. Streit, Zank
146. schreiben
147. Wesentlichen, du
148. beschwerlich, anstrengend
149. Großen, Ganzen
150. preisgeben
151. Gutes, Schilde
152. Filme, Weinen
153. seitens
154. schönes, Besten
155. Lichtstrahl, Dunkeln
156. Interessantes
157. Problem
158. Ärgsten
159. irreführen
160. Tante, kochen
161. gemeinsam, Schönes
162. Folgenden
163. Dunkeln, nachhause/nach Hause
164. Schwimmen
165. Letztes
166. Einzelnen
167. gleich, abholen
168. Äußerste
169. Beschenkte, undankbar
170. Text, Liedes
171. Handhaben, Maschine
172. Irrtum, Lebens

C

1. vorne
2. Interessantes
3. klügste, beste
4. fünf, fünfzig
5. darüber
6. kurz, lang
7. besten
8. diesem, jenem
9. Kaffee
10. besten, dick, dünn
11. Buch, acht
12. dümmste
13. etwas, darum
14. gestreiften, karierten
15. Abstand, schnellsten
16. weitem/Weitem
17. gute, Ehe
18. klein, Kind
19. Vergangenes
20. Eltern, herzlichste/Herzlichste
21. bar
22. Kleine
23. Weine, alte
24. Zorn, Abschied
25. Wichtigste, andere
26. sechs
27. gute, schlechte, Nachricht
28. kleinen, größeren
29. langem/Langem
30. satt, schläfrig
31. zwanzig
32. nah, fern
33. zurecht
34. dünnen, dicken
35. einfachste/Einfachste
36. viele, neue
37. Aufräumen, weniges
38. spätestens, neun
39. neuem/Neuem, grau, grau
40. fünf, sechsten
41. weiteres/Weiteres
42. Vorteile
43. Streit, neuem/Neuem
44. schlechtesten
45. vielmals
46. langweilig, spannend
47. meisten
48. Verstand, gleich
49. weiteres/Weiteres
50. grüne, weiße
51. steilsten
52. jeder, sich
53. letzten, Urlaub
54. Koch
55. drei
56. Reise, ferne
57. sieben, Klasse
58. hässliche
59. beiden
60. Gespräch, aufschlussreich
61. feinsten
62. mancher, Aufgabe

63. Strohstern
64. einen, anderen
65. hohen, links, breiten
66. Tiere, Fressen
67. wirklich, schöner, Abend
68. Trennung, schwersten
69. gut
70. neues
71. treueste, Freunde

D

1. Johannes
2. Asien
3. von der Vogelweide
4. Indische Ozean
5. Sozialdemokratische Partei
6. Fliegende Holländer, Wagner
7. Olympische Komitee
8. Vier Jahreszeiten
9. Tiroler Bevölkerung
10. schillerschen/Schiller'schen
11. Wiener Prater
12. russischen Wodka
13. Isabella
14. Kap der Guten Hoffnung
15. Wolfgang Amadeus Mozart
16. Großglockner
17. New Yorker Szene
18. thailändischer Seide
19. Blaue Moschee
20. Katharina die Große
21. Hohen Tauern
22. Innsbruck
23. London
24. Heinrich der Achte
25. Österreichische Rote Kreuz
26. Naturhistorische Museum
27. Madame Butterfly
28. Großen Wagen
29. Schiefe Turm
30. englisches Bier
31. Klagenfurter Wahrzeichen
32. Pariser Modewelt
33. Vereinten Nationen, Berlin
34. Frankfurter Allgemeine Zeitung
35. Spanische Hofreitschule
36. einsteinsche/Einstein'sche Gleichung
37. Goldener Hirsch
38. Linzer Ärzte
39. Alten Markt
40. indischen Tee
41. Bregenzer Festspiele
42. Kleinen Bären
43. Bayerischen Wald
44. türkischen Honig
45. Goldene Stadt
46. Wachauer Wein
47. französisches Parfum
48. Vereinigten Staaten
49. Martin
50. deutschen
51. Attersee
52. Roten Meer
53. Nordamerika
54. Schweizer Käse
55. tunesische Datteln
56. Elisabeth die Zweite
57. van Beethoven
58. Österreichische Raiffeisenverband
59. spanischer Tanz
60. Namen, Alexander
61. Salzburg
62. Deutschen Schäferhund
63. Grazer Theater
64. persischen Teppich
65. Chirurgische Monatsschrift
66. Münchner Straße

E

1. Heiligen Abend
2. Technische Direktor
3. Erste Mai, Sonntag
4. neuen Jahr
5. höherer Mathematik
6. Schwarze Witwe
7. olympische Gedanke
8. Französische Revolution
9. Königliche Hoheit
10. große Los
11. goldene Hochzeit
12. schwarzen Humor
13. Fleißige Lieschen
14. griechischen Salat
15. Internationale Aidstag

16. **G**rünen **M**amba
17. **G**oldene **B**ulle
18. **s**chwarze **S**chaf
19. **r**ote/**R**ote **K**arte
20. **E**rsten **W**eltkrieg
21. **f**alschen **H**exe
22. **s**chwarzen/**S**chwarzen **B**rett
23. **s**chlauer **F**uchs
24. **S**iebenjährigen **K**rieg
25. **b**ösen **S**tiefmutter
26. **g**oldene **M**itte
27. **W**eiße **S**onntag
28. **b**lauen **B**rief
29. **s**chwedischen **G**ardinen

F

1. **d**ir
2. **i**hr
3. **d**u
4. **S**ie (Höflichkeitsform)/**s**ie (3. P. EZ bzw. MZ)
5. **e**uer/**E**uer
6. **s**einer/**d**einer
7. **I**hnen (Höflichkeitsform)/**i**hnen (3. P. MZ)
8. **e**uch
9. **d**ich/**D**ich/**s**ich
10. **I**hrerseits (Höflichkeitsform)/**i**hrerseits (3. P. EZ bzw. MZ)
11. **e**ure
12. **s**ich
13. **d**ein/**s**ein
14. **e**uer
15. **d**eine/**D**eine/**s**eine/**m**eine
16. **i**hr
17. **d**u
18. **I**hr, **e**uch
19. **d**u, **d**einerseits
20. **d**einer/**D**einer/**s**einer/**m**einer
21. **e**uren
22. **I**hnen (Höflichkeitsform)/**i**hnen (3. P. MZ)
23. **s**ich
24. **d**ich/**D**ich
25. **S**ie (Höflichkeitsform)/**s**ie (3. P. EZ bzw. MZ)
26. **s**ein/**d**ein
27. **I**hre (Höflichkeitsform)/**i**hre (3. P. EZ bzw. MZ)
28. **D**eine/**S**eine
29. **I**hnen (Höflichkeitsform)/**i**hnen (3. P. MZ)
30. **S**ie (Höflichkeitsform)/**s**ie (3. P. EZ bzw. MZ)
31. **S**ie, **s**ich

Teil V

1) Radiomeldung

Linz. Heute Vormittag wurde gegen zehn am Froschberg die Filiale der Allgemeinen Sparkasse überfallen. Der bisher unbekannte Täter bedrohte die Kassiererin mit einer Pistole und befahl ihr, seine mitgebrachte Sporttasche mit Geld zu füllen. Er konnte zweihunderttausend Euro in bar erbeuten. Einem anderen Angestellten gelang es zwischenzeitlich, den Alarm auszulösen, was dem Täter allerdings nicht entgangen sein dürfte. Er nahm die mit Geld gefüllte Tasche und richtete daraufhin seine Waffe auf die einzige Kundin, die sich zu diesem Zeitpunkt in der Bank befunden hatte.
Der Täter konnte noch vor dem Eintreffen der Polizei flüchten. Es fehlt von ihm und der in seiner Gewalt befindlichen Geisel jede Spur. Laut Aussagen einiger Passanten dürfte der mutmaßliche Täter mit einem roten Wagen geflüchtet sein. Was die Marke des Autos anlangt, tappt die Polizei allerdings im Dunkeln. Gesucht wird nun ein Mann Mitte dreißig, groß und schlank, mit kurzen braunen Haaren und einem blauen Jogginganzug bekleidet. Die Polizei bittet die Bevölkerung um ihre Mithilfe. Alle sachdienlichen Hinweise werden in jeder Polizeidienststelle entgegengenommen. Unser Sender wird Sie stündlich auf dem Laufenden halten.

2) Lieber Helmut !

Ich hoffe, es geht dir gut und du genießt deine Ferien, was man von mir überhaupt nicht behaupten kann. Mir geht es leider gar nicht gut, denn ich habe mir beim Spielen das Bein gebrochen. Du willst jetzt sicher wissen wollen, wie man sich beim Spielen so verletzen kann.
Nun, ich bin mit meinem kleinen Bruder im Garten gewesen und wir wollten uns in dem großen Baum, der ganz nah am Gartenzaun steht, ein Baumhaus bauen. Doch nachdem ich die Leiter an den Baum gelehnt hatte und hinaufsteigen wollte, rutschte ich mit einem Fuß von der Sprosse ab und fiel auf die Wiese.
Es tat furchtbar weh und mir wurde vor lauter Schmerz ganz schlecht. Als ich merkte, dass ich den Fuß nicht mehr belasten konnte, rief ich nach meiner Mutter und die fuhr mit mir sofort ins Krankenhaus. Dort bekam ich dann einen Liegegips und zwei Krücken verpasst. Es war einfach schrecklich.
Jetzt liege ich schon seit zwei Wochen auf meinem Sofa und darf so gut wie gar nicht aufstehen. Ich sehe beim Fenster hinaus und würde so gerne im Freien herumtollen/herumtoben, aber das hat mir der Arzt leider verboten. Also lese ich viele Bücher, die mir mein Vater besorgt und höre nebenbei Musik.
Und das ausgerechnet in den Ferien. Warum konnte mir das nicht während der Schulzeit passieren ? Da könnte ich wenigstens zu Hause bleiben, aber so ist es wirklich zum Weinen.
Aber ich erzähle nur von mir. Was gibt es bei dir Neues ? Warst du schon irgendwo auf Urlaub ? Ihr wolltet doch mit dem Wohnwagen nach Italien fahren, nicht wahr ? Habt ihr das auch wirklich gemacht ? Ich war mit meiner Familie letztes Jahr in Rom und es hat mir wahnsinnig gut gefallen.
Wenn du von deiner Reise schon zurück sein solltest und ein bisschen Zeit übrig hast, dann würde ich mich echt freuen, wenn du mich einmal besuchen würdest. Wir könnten vielleicht gemeinsam etwas spielen. Dann wäre mir nicht immer so langweilig. Bitte melde dich bald !

Liebe Grüße
dein Frank

3) Der Verkehrsunfall

Gestern **N**acht er**ei**gnete sich auf der Mozartkreu**z**ung in Linz ein **f**olgenschwerer Unfa**ll**. Es war kur**z** nach 22. 00 Uhr, als der **L**inzer Taxilen**k**er Markus H. sich mit seinem Pkw der Kreu**z**ung n**äh**erte. Er dürfte mit **ü**berhöhter **G**eschwindigkeit unterwegs und dazu unaufmer**k**sam gewesen sein, denn er mer**k**te nicht, da**ss** die A**m**pel **b**ereits auf **G**elb geschal**t**et war und fuhr, ohne auf den Schi**e**nenverkehr zu **a**chten, in die Kreu**z**ung ein.
Im **N**achhinein gab Markus H. an, da**ss** er die Stra**ß**enbahn w**oh**l gesehen habe, er sich aber gedacht ha**b**e, da**ss** diese **z**wecks **A**ussteigens der Fahrgäste noch länger stehen **b**leiben werde, und er de**s**halb ohne **w**eiteres/**W**eiteres weiterfahren kö**nn**e. Die Stra**ß**enbahn war aber schon zur **A**bfahrt berei**t** und fuhr ebenfa**ll**s los. Markus H. gelang es nicht einm**a**l mehr im **E**ntferntesten zu **b**remsen und es kam zu einem gewa**l**tigen Zusammensto**ß** der **b**eiden, wobei einer der Fahrg**ä**ste des Taxis **l**ebensgef**äh**rlich verle**tz**t wurde. Markus H. leistete tro**tz** eigener Verle**tz**ungen sofort **e**rste/**E**rste **H**ilfe. Auch einige Insa**ss**en der Stra**ß**enbahn bedurften **n**otärztlicher Betr**eu**ung, da sie durch den Aufpra**ll** von ihren Sitzplä**tz**en geschleudert wurden. Von **j**enen befindet sich a**ll**erdings **n**iemand in Lebensgef**ahr**.
Ein Fahrgast, der bei dem Unfa**ll** noch mit dem Schre**ck**en davongekommen war, gab bei seiner **B**efragung an, da**ss** ihm wirklich **H**ören und **S**ehen vergangen wäre und er noch i**mm**er unter Scho**ck** stehe. Er sei froh, da**ss** er alleine **u**nterwegs gewesen und die **S**einen/**s**einen zu **H**ause geblieben waren.
Man brachte die schwerer verle**tzt**en Unfa**llo**pfer in das **A**llgemeine Krankenhaus **L**inz, da**s** die **V**ersorgung **p**rompt und kompe**t**ent übern**ah**m.
Die Mozartkreuzung mu**ss**te auf **G**rund/auf**g**rund dieser Vorkommni**ss**e für längere Zeit gespe**rr**t werden, ist aber seit ein **p**aar Stunden wieder pa**ss**ierbar. Bis auf diesen Unfa**ll** blieb es **g**estern ruhig auf den **o**berösterreichischen Stra**ß**en. Unsere Reda**k**tion wünscht allen **L**esern einen Tag ohne Stre**sss**ituationen und eine gute **F**ahrt.

4) Liebes Tagebuch

Heute ist der zweiundzwanzi**g**ste M**ai**/M**ärz** und es ist furchtbar schw**ül**. In einem **M**oment bre**nn**t die So**nn**e vom Hi**mm**el – in der n**ä**chsten Sekunde **p**rasselt ein R**e**genschauer aus schwar**z**en Wol**k**en. Man wei**ß** überhau**p**t nicht, was man an**zi**ehen soll.
Ich si**tz**e im **A**ugenblick vor dem Fer**n**seher und überl**e**ge, was ich mit meinem fr**ei**en Tag noch mache. Vie**ll**eicht gehe ich schwi**mm**en oder ich besuche meine be**s**te Fr**eu**ndin.
Aber eigen**t**lich habe ich überhau**p**t keine **L**ust, sie zu tre**ff**en, de**nn** gestern in der Sch**u**le haben wir z**ie**mlich he**f**tig miteina**n**der gestri**tt**en. Sie müs**s**te sich eigen**t**lich bei mir en**t**schuldigen, de**nn** schlie**ß**lich hat sie ja an unserem Strei**t** **S**chuld.
Sie hat ein Geheimni**s** von mir den anderen Mitschülern ve**rr**aten, und da**s** ka**nn** ich ihr nicht so schne**ll** verz**ei**hen. Ich habe ihr n**ä**mlich erz**äh**lt, da**ss** ich mich unster**b**lich in Georg (er ist sehr bel**ie**bt in unserer Kla**ss**e) verl**ie**bt habe. Ich habe ihr ver**t**raut und sie hat mir **v**ersprochen, es keiner Menschens**ee**le zu erz**äh**len.
Doch sie hat es **g**leich am n**ä**chsten Tag ihrer Ban**k**nachbarin be**r**ichtet. Das hat mich w**ah**nsinnig verle**tz**t, de**nn** a**ll**e haben sich da**n**ach über mich lu**s**tig gemacht. Ich ka**nn** Georg je**tz**t nicht m**eh**r in die Augen schauen. Ich sch**ä**me mich so.
Au**ß**erdem **f**rage ich mich, was Georg w**oh**l von mir hält. Sicher glau**b**t er je**tz**t, da**ss** ich eine komple**tt** blö**d**e Kuh bin, die nichts **B**esseres zu tun hat, als a**ll**en auf die Na**s**e zu binden, wie sehr sie ihn ma**g**. Es ist eine Katastrophe, einfach zum **S**chreien.
Ich wer**f**e einen **B**lick zum Fenster hinau**s** und sehe die str**ah**lende So**nn**e. Dabei den**k**e ich mir, da**ss** es überhau**p**t keinen Si**nn** hat, we**nn** ich mich tr**ü**bsinnig im Haus verkr**ie**che.

Ich werde jetzt das Tagebuch zuklappen und einen ausgiebigen Spaziergang machen. Dabei komme ich bestimmt auf andere Gedanken und womöglich habe ich eine Idee, wie ich Georg verständlich machen kann, dass ich in Wahrheit doch ein ganz nettes Mädchen bin.

Bis zur nächsten Eintragung
Annette

5) Allegro

Peter konnte sich noch ganz genau an den Tag erinnern, als er ihn das erste Mal sah. Es war ein Sonntag und er wollte sich im Bett noch einmal umdrehen, als er ein lautes Hämmern, das vom Nachbargrundstück zu kommen schien, vernahm. Neugierig stand er auf und ging zum Fenster. Er sah einige Männer, die damit beschäftigt waren, aus riesigen Holzpfählen eine Koppel zu errichten. Peter wunderte sich, wofür der Nachbar plötzlich seine große Wiese einzäunen ließ. Rasch zog er sich an und rannte die Treppe hinunter. Er überhörte die Frage seiner Mutter, ob er etwas frühstücken wolle, und schoss ins Freie. Vor der Garage seines Nachbarn stand ein großes Auto, an dessen Anhängerkupplung ein Pferdetransporter befestigt war. Interessiert trat Peter näher, doch der Anhänger war leer. Plötzlich hörte er ein tiefes Schnaufen vom anderen Ende des Hauses. Er bog rasch um die Ecke und stand direkt vor einem rotbraunen Pferd, das erwartungsvoll in seine Richtung blickte. Normalerweise hatte Peter keine Angst vor Pferden, aber dieses da war wahnsinnig groß und mächtig. Ganz vorsichtig machte er einen Schritt vorwärts und streckte zaghaft die Hand aus. Das Pferd reckte ebenfalls den Hals und so ergab es sich, dass er mit seinen Fingern die seidige Mähne streicheln konnte.
„Na, ihr zwei, habt ihr euch schon bekannt gemacht ?“, ertönte hinter ihm eine helle Stimme. Eine junge Dame mit kurzen braunen Haaren lächelte ihn freundlich an und hielt ihm eine Karotte hin. „Möchtest du sie ihm geben ?“ Peter nickte und nahm sie ihr aus der Hand. „Wie heißt er denn ?“, fragte er und gab dem Pferd die Karotte, die sofort genüsslich verspeist wurde. „Allegro“, antwortete die Dame, „und wenn du willst, kannst du ihn jederzeit besuchen kommen.“
Das war der Beginn einer großen Freundschaft, denn es verging kein Tag, an dem Peter nicht wenigstens einmal bei Allegro vorbeischaute. Er brachte ihm hart gewordenes Brot und Zucker mit, half beim Ausmisten des Stalles und lernte, wie man ein Pferd richtig striegelt. Doch am glücklichsten war er an jenem Tag, an dem er seinen ersten Reitunterricht bekam. Zwar stürzte er ein paarmal zu Boden, doch schließlich und endlich wurde aus Peter ein begeisterter Reiter.

6) Gewalt

Ein Thema, das zweifelsohne Jung und Alt gleichermaßen beschäftigt, ist die immer größer werdende Anzahl von Vorfällen in Schulen, bei denen Gewalt angewandt wird beziehungsweise wurde.
Des Öfteren kann man in Fernsehberichten aus den Vereinigten Staaten mitverfolgen, wie jugendliche Amokläufer ihre Mitschüler niedermetzeln. Jedermann hat noch die Flüchtenden vor Augen, wie sie in Panik aus Schulfenstern springen und um Hilfe schreiend das Weite suchen.
Aber nicht nur in den Vereinigten Staaten ist die Schulsituation Besorgnis erregend. Auch in Österreich versuchen immer mehr Jugendliche auf Biegen und Brechen ihre Aggressionen in der Schule abzureagieren. So werden Wände besprüht/bespritzt, Sessel und Bänke zerschlagen oder auf andere Art und Weise demoliert.

Im Wesentlichen richtet sich die Zerstörungswut gegen die Einrichtungsgegenstände der Schule. Doch bei manchen Schülern gibt es auch kein langes Hin und Her, wenn es darum geht, einem Klassenkameraden eine Abreibung zu verpassen. Dabei verlässt man sich auch nicht mehr auf die eigenen Fäuste, sondern ist mit Messern, Pfeffersprays oder sogar Pistolen bewaffnet.
So endet mancher Streit in einem Blutbad und es stellt sich die Frage, wer daran Schuld trägt. Denn es sind nicht die Kinder allein, die man als Verantwortliche zu sehen hat. Oft ist es die mangelnde Zuwendung ihrer Umgebung, die die Kinder dazu treibt, solche Dinge zu tun. Doch Eltern und Lehrer sehen sich teilweise außer Stande, etwas dagegen zu unternehmen. Aber, dass etwas gegen die Gewalt in den Schulen getan werden muss, darüber sollte sich jeder Einzelne im Klaren sein.
Auch nicht außer Acht zu lassen ist der steigende Drogen- und Alkoholkonsum unter den Jugendlichen. Bei diversen Veranstaltungen ist es üblich, dass Alkohol gleich im Voraus an Minderjährige ausgeschenkt wird. Vom Verkauf illegaler Aufputschmittel auf den Toiletten ganz zu schweigen. Auch hier müsste dringend/dringendst Abhilfe geschaffen werden.

7) Frühling

Wenn sich der Winter langsam verabschiedet und die längeren Tage wieder Einzug halten, dann ist für die meisten Menschen die schönste Zeit des Jahres gekommen.
Die ersten warmen Sonnenstrahlen kämpfen sich durch die graue Wolkendecke und das hellgrüne Gras bahnt sich tapfer den Weg durch die aufgeweichte Erde. Auf den Ästen werden die kleinen Knospen sichtbar und zwischen den letzten Schneeresten kommen farbenprächtige Krokusse ans Tageslicht.
Alles in unserer Umgebung erscheint auf einmal wärmer und bunter. Man merkt es an den Gesichtern der Leute auf der Straße. Die vor Kälte hochgezogenen Schultern haben einer entspannten Haltung Platz gemacht. Marschierte man noch vor ein paar Wochen mit grimmiger Miene aneinander vorbei, ist man jetzt als Autofahrer dazu bereit, einen lächelnden Fußgänger freiwillig über die Straße zu lassen.
Doch macht die Wandlung der Natur es alleine aus, dass fast jeder mit dem Frühling nur Angenehmes verbindet ? Keine andere Jahreszeit wurde so oft in Gedichten, Theaterstücken und Liedern verewigt wie er. Die berühmten Frühlingsgefühle spielen dabei eine ganz große Rolle, oder hat schon irgendwer einmal etwas wirklich Herzergreifendes über Herbstgefühle geschrieben ? Mir fällt so spontan eigentlich niemand Berühmter ein.
Eigentlich schade, denn der Herbst ist auf seine Weise doch viel romantischer als der kitschige Frühling, wo auf jeder Parkbank ein Liebespaar sitzt und verträumt in den hellblauen Himmel starrt. Im Herbst färben sich die Blätter in warme, goldene Töne. Die Sonne scheint noch immer lange genug, aber eben nicht mehr so intensiv. Man kann spazieren gehen, Kastanien sammeln und danach gemütlich eine Tasse Tee trinken.
Aber jedem das Seine/seine, der Frühling wird die unumstrittene Nummer eins in der Beliebtheitsskala der Menschen bleiben und wahrscheinlich hat er es sich auch verdient. Vielleicht wird es noch eine Weile dauern, aber irgendwann werde auch ich herausfinden, warum.

8) Weihnachtsmann I

Der Weihnachtsstress war vorüber und alle Geschenke verteilt. Es gab für den Weihnachtsmann überhaupt keinen Grund mehr, seine Rückfahrt zum Nordpol länger hinauszuzögern. Doch dieses Jahr hatte er gar keine Lust, schon wieder alleine für den Rest der Zeit im ewigen

Schnee zu frieren und auf das neue Weihnachtsfest zu warten. Er war es leid, Tag für Tag vor seiner Schneeburg zu sitzen und darüber nachzudenken, was in der Zwischenzeit anderswo auf der Welt passierte. „Eigentlich", dachte er, „liegt alles in meinem Leben so ziemlich im Argen. Ich will etwas Tolles erleben und mit mir ins Reine kommen."
Also beschloss er, die Rückreise zu verschieben, und schickte die Rentiere mit dem Schlitten alleine nachhause. Dann marschierte er zuerst in ein Kaufhaus und fragte nach der Abteilung für Herrenmode, denn er wollte nicht länger in Rot gekleidet sein. Schließlich könnte es ja passieren, dass ihn die Kinder auf der Straße erkennen und dann furchtbar enttäuscht wären, wenn er dieses Mal keine Geschenke für sie parat hätte.
Es war gar nicht so einfach, das Passende zu finden, denn sein dicker Bauch brauchte ein besonders große Hose. Doch die netten Verkäuferinnen hatten viel Verständnis und deshalb war er bald mit dem Richtigen ausgestattet. Nach einer kleinen Stärkung bei einem Imbissstand machte er einen langen Spaziergang durch die Stadt und beobachtete die Menschen in seiner Umgebung. Früher sah er ihre Mienen nur am Weihnachtsabend. Da waren die meisten Kinder glücklich und selbst die Erwachsenen hatten ein Lächeln aufgesetzt. Doch heute war ein ganz normaler Tag und die Leute rannten mit angespannten Gesichtern durch die Gegend. Kaum einer ließ sich zu einer freundlichen Geste herab. Nein, ganz das Gegenteil schien der Fall zu sein. Fast alle sahen so aus, als hätten sie Probleme. Der Weihnachtsmann wurde stutzig. Er hatte doch immer gedacht, dass das Leben auf dem Rest der Welt nur schön und aufregend sei, doch so war es anscheinend doch nicht.
Er setzte sich traurig auf eine Parkbank und dachte über sein bisheriges Tun nach. Natürlich sollte Weihnachten das Fest der Liebe und Freundschaft sein, aber doch nicht nur zu dieser Zeit. Die Menschen müssten sich das ganze Jahr über umeinander bemühen. Vielleicht waren er und das Weihnachtsfest sowieso schon überflüssig geworden und man brauchte ihn hier überhaupt nicht mehr ?

9) Bewerbung

Linz, am 10. Jänner 20...

Sehr geehrter Herr Wagner !
Ich habe heute Morgen Ihre Anzeige in den Oberösterreichischen Nachrichten gelesen und möchte mich hiermit um die Stelle als Barmann in Ihrem Hotel bewerben.
Ich besuche die vierte Klasse der Fremdenverkehrsschule in Bad Leonfelden und muss im Herbst den Nachweis eines Sommerpraktikums erbringen. Auf Grund dieses Erfordernisses wäre die dreimonatige Beschränkung Ihres Stellenangebotes für mich überhaupt kein Hindernis. Ich habe im gastronomischen Bereich schon einige Erfahrung gesammelt. So habe ich bereits im Goldenen Hirschen in Salzburg gearbeitet und in einem Ferienklub auf Mallorca. Dort war ich sowohl für das Servieren als auch für die Bar zuständig. Ich habe mich für beide Arbeiten bis ins Kleinste vorbereitet und würde dies selbstverständlich auch dieses Mal tun. Im Umgang mit den Gästen hatte ich bisher noch keinerlei Schwierigkeiten, denn ich bin immer bereit, alles Erdenkliche für deren Wohl zu tun. Ich bin mir sicher, dass ich Ihren Anforderungen gerecht werden würde, denn ich bin immer willens, mit großer Sorgfalt zu arbeiten. Ich weiß natürlich, dass gerade im Gastgewerbe ein dauerndes Kommen und Gehen herrscht, aber ich verspreche Ihnen, ich werde für Sie und Ihr Hotel durch dick und dünn gehen.
Was meine Honorarvorstellungen anlangt, so bin ich mir sicher, dass wir uns im Wesentlichen einigen würden. Es geht mir nicht so sehr darum, möglichst viel zu verdienen, sondern ich bin der Ansicht, dass mir eine Praxis in Ihrem angesehenen Haus für meine spätere

Karriere sehr hilfreich sein könnte. Schließlich möchte ich einmal ein guter Barmann werden, sozusagen einer der besten und bekanntesten Österreichs. Dies zu meiner Person, alles Übrige ist im Einzelnen aus meinem beigelegten Lebenslauf ersichtlich. Ich würde mich über eine positive Antwort Ihrerseits freuen und verbleibe

Mit vorzüglicher Hochachtung
Maximilian Mayr

10) Weihnachtsmann II

Mittlerweile waren schon mehrere Stunden vergangen und der Weihnachtsmann saß noch immer auf seiner Parkbank und grübelte über das Leben nach. Nach einer Weile hatte er auf einmal das Gefühl, nicht mehr alleine zu sein und blickte hoch. Ein kleines Mädchen mit langen braunen Zöpfen stand vor ihm und schaute ihn interessiert an. „Du siehst traurig aus", meinte es und setzte sich neben ihn auf die Bank, „hast du dir weh getan ?" Der Weihnachtsmann schüttelte nur stumm den Kopf und starrte weiter vor sich hin. Wie sollte er denn einem kleinen Mädchen seinen Kummer erklären, den er eigentlich selbst nicht recht verstand ? Aber die Kleine ließ nicht locker und fragte ihn ein zweites und sogar ein drittes Mal, welche Sorgen er denn habe. Schließlich gab er auf und berichtete ihr, was ihm so schwer auf der Seele lag. Das Mädchen hörte ihm aufmerksam zu und nickte wissentlich, so als wüsste es ganz genau, was ihn plagte.
Doch nachdem er ihm all seine Nöte anvertraut hatte, griff es nach seiner Hand und drückte sie fest. „Ich kann zwar nicht für alle Kinder dieser Welt sprechen", sagte es, „doch ich finde den Gedanken, dass es ab nun keinen Weihnachtsmann mehr geben soll, einfach scheußlich. Du bist doch nicht dafür verantwortlich, dass die Menschen den Rest des Jahres unglücklich sind. Das sind sie schon selber." Es erklärte ihm, dass viele so leben, als gäbe es für sie kein Morgen mehr, und dies könne er als Weihnachtsmann beim besten Willen nicht verhindern. Es wäre auch nicht seine Aufgabe, die ganze Menschheit glücklich zu machen. Aber allein die Tatsache, dass er ein einziges Kind am Weihnachtsabend glücklich machen könne, sei Grund genug, seine Existenz zu rechtfertigen.
Der Weihnachtsmann sah das Mädchen bewundernd an. Wie konnte es noch so klein und trotzdem schon so klug sein ? Er heftete für einen Moment seinen Blick auf den Kiesweg vor ihm und überlegte, wie er jetzt ohne seinen Schlitten nach Hause/nachhause zum Nordpol kommen würde. Doch da hörte er schon die vertrauten Glocken von der Ferne bimmeln. Er drehte sich zur Seite, um dem Mädchen für seinen Zuspruch zu danken, doch der Platz, wo es noch vor kurzem/Kurzem gesessen hatte, war leer.

11) Geburtstag

Heute ist mein Geburtstag und ich bin außerstande/außer Stande, ihn zu feiern. Besser gesagt, ich habe nicht die geringste Lust oder Veranlassung dazu. Jetzt bin ich siebzehn und es hat sich nichts auch nur im Entferntesten geändert. Mit diesem Alter sollte ich schon als erwachsen zählen, doch behandelt werde ich immer noch wie ein Kleinkind. Ich würde abends gerne etwas länger fortbleiben, aber da gibt es für meine Eltern kein Wenn und Aber. Es ist mir unverständlich, wie man so verbohrt und altmodisch sein kann.
Doch es geht nicht nur um das Fortgehen alleine, auch von einem Urlaub mit Freunden kann ich nur träumen. Die andern Eltern sind großzügig und liberal, doch bei uns herrscht noch immer der absolute Missstand. Wie im tiefsten Mittelalter. Die beiden Gescheiten glauben ja immer, Recht zu haben, und wenn ich einmal versuche, mit ihnen ernsthaft zu diskutieren,

bekommt mein Vater einen Gesichtsausdruck, dass mir angst und bange wird. Er meint dann, ich hätte keine Lebenserfahrung, aber da ist er nicht ganz auf dem Laufenden. In unserer Klasse gehöre ich bestimmt zu den erfahrensten und klügsten der Schülerinnen. Wenn ich denke, wie kindisch noch manche Mädchen in meiner Umgebung sind. Die haben nichts anderes als die neuesten Londoner Modetrends im Kopf und wer in der Bravo-Hitparade gerade auf Platz Nummer eins ist. Das ist wirklich schrecklich, doch diese Dinge haben bei mir schon lange nicht mehr Vorrang. Für mich ist ganz etwas anderes wichtig. Aber meine Eltern haben in dieser Hinsicht eine komplett falsche Meinung von mir. Die werden sie über kurz oder lang ändern müssen. Sie glauben, ich lebe nur für das Hier und Jetzt, doch da unterliegen sie einem gewaltigen Irrtum. Ich bin mir der Gefährlichkeit des Lebens durchaus bewusst und alt genug, ohne weiteres/Weiteres die Verantwortung für mein Fortkommen zu übernehmen. Das Einzige, was ich brauche, ist ein bisschen mehr Verständnis und entgegengebrachtes Vertrauen.
Ich werde jetzt zu ihnen hinuntergehen und die Kerzen meiner Geburtstagstorte ausblasen. Man weiß ja nie, vielleicht bringt sie ein ernsthaft geführtes Gespräch dazu, mir endlich zuzuhören. Dann würde aus dem heutigen Tag doch noch ein erfolgreicher.

12) Dialog

A: Ja, hallo, das ist aber eine Überraschung, dich hier zu treffen.

B: Guten Tag, ich freue mich, dich zu sehen. Wie geht es dir ?

A: Danke, ganz gut. Ich habe viel Arbeit, und was machst du so ?

B: Ach, bei mir gibt es nichts Besonderes zu berichten. Ich war krank und bin dabei, mich langsam wieder zu erholen.

A: Das tut mir aber leid für dich. Warst du schon seit längerem/Längerem krank ?

B: Nein, ich hatte eine schwere Lungenentzündung, die der Arzt leider viel zu spät erkannt hat. Deshalb hat es mich ziemlich arg erwischt. Aber, wie gesagt, ich bin auf dem Weg der Besserung.

A: Da bin ich aber froh. Und wie geht es deiner Familie ?

B: Danke, meinen Kindern geht es sehr gut und mein Mann hat sehr viel Stress im Büro. Im Moment vergeht fast kein Tag, an dem er nicht bis spät in die Nacht arbeitet.

A: Ja, das kommt mir bekannt vor. In meiner Firma ist im Augenblick auch wahnsinnig viel zu tun. Wir arbeiten an einem neuen Projekt, das den Kollegen und mir extrem lange Arbeitszeiten abverlangt. Aber mir macht die Arbeit Spaß/Spass, und das ist im Endeffekt ja das Wichtigste.

B: Da hast du natürlich Recht/recht. Aber kommt dabei dein Privatleben nicht zu kurz ?

A: Natürlich kommt es das, aber du kennst ja meine Freundin. Sie ist ein Mensch, der immer bereit ist, Rücksicht auf mich und meine Karriere zu nehmen.

B: Ich denke, es wird ihr nichts anderes übrig bleiben, als zurückzustecken, denn wenn du noch immer so ehrgeizig bist wie früher, dann hat man nur die Möglichkeit, deinen Arbeitseifer zu akzeptieren.

A: Da hast du leider nicht unrecht/Unrecht. Ich bin eigentlich ein furchtbarer Mensch.

B: Jetzt übertreibst du wieder einmal maßlos. Ich finde, du bist schon ganz in Ordnung und außerdem ein fesselnder Gesprächspartner.

A: Nun, wenn du das so siehst, dann würde ich vorschlagen, wir beenden jetzt dieses Gespräch auf der Straße und setzen es bei einer Tasse Kaffee oder Tee fort. Bist du einverstanden ?

B: Ich finde, das ist eine prima Idee. Ich habe großen Durst und bin immer für ein gutes Getränk zu haben.

13) Paris

„Ganz Paris träumt von der Liebe“ – ich frage mich ernsthaft, wem dieser Blödsinn eingefallen ist. Seit Stunden laufe ich nun in der so genannten Stadt der Liebe herum und finde sie alles andere als liebenswert. Angefangen hat es schon damit, dass das Reisebüro, in dem ich das Hotel gebucht habe, offensichtlich einen Fehler bei der Reservierung gemacht hat. Jedenfalls war bei meiner Ankunft kein Zimmer für mich frei, so dass sie mich gnädigerweise in einem Zimmer für derartige Notfälle untergebracht haben und ich mich nun einer fabelhaften Aussicht auf den Hinterhof des Hotels erfreuen darf. Besonders dekorativ setzen sich die beiden grünen Abfallcontainer ins Bild, die anscheinend tragische Opfer eines Streikes der französischen Müllabfuhr geworden sind und mir den Appetit auf eine abendliche Nationalspeise gründlich vermiest haben. Es half nur die sofortige Flucht in eine Stadtbesichtigung, doch dieser wurde gleich in der U-Bahn, hier ganz theatralisch Metro genannt, ein Ende gesetzt, als sich nämlich der Rucksack eines schwer bepackten Touristen selbstständig machte und seiner Platznot genau auf meiner Hose Freiheit verschaffte. Zwei explodierende Coladosen ergossen sich über meine weiße Flanellhose und ich musste zwecks Auslüftung meiner Beinbekleidung den Untergrund wieder verlassen.
Danach durfte ich mich mit einem arroganten Kellner herumschlagen, der nicht gewillt war, das von mir zuerst auf Deutsch, dann auf Englisch bestellte Getränk zu bringen. Erst als ich ihn, dem Verdursten nahe, mit den paar spärlichen Brocken, die ich seiner Muttersprache mächtig bin, anflehte, ließ er sich dazu herab, mir ein Mineralwasser zu bringen. Dass es sich natürlich um eines ohne Kohlensäure gehandelt hat, war klar, aber ich war schon zu schwach, um zu protestieren.
Jetzt stehe ich vor dem Eiffelturm und warte, wie hundert andere Menschen auch, endlich zum Aufzug zu gelangen. Und das nur zu dem Zweck, dann eingeklemmt und mit diversen Ellenbögen zwischen den Rippen, den Ausblick auf die Stadt zu genießen, wobei einem die halbe Sicht von dem Mann, der vor einem steht und einen Meter neunzig groß ist, genommen wird.
Mir ist die Lust auf Baguette vergangen. Ich will heim zum guten, alten Wiener Schnitzel, dem ich beinahe untreu geworden wäre. Ich pfeife auf „Vivre la France“ !

14) Vier Pfoten

Hallo, darf ich mich vorstellen ? Mein Name ist Enrico und ich bin, wie du sicher schon vermutet hast, ein Hund. Allerdings bin ich kein Rassehund, sondern ein Mischling. Doch die meisten Menschen, die mich sehen, finden mich trotzdem ganz hübsch. Ich bin ungefähr so groß wie ein Dalmatiner, habe ein schwarzes Fell und Ohren, die mir ziemlich komisch vom Kopf wegstehen. Auf der Brust habe ich einen weißen Fleck, den man aber nicht besonders gut sieht.
Ich wohne in einer großen Wohnung und wie du dir wahrscheinlich denken kannst, lebe ich natürlich nicht alleine. Mein Frauchen hat mich sehr lieb und ich sie eigentlich auch, aber manchmal kann ich sie nicht leiden. Nämlich dann, wenn sie mit mir schimpft und gar keinen Grund dafür hat. Oder findest du es so schlimm, wenn ich sie beim Gehen an meiner Leine etwas heftiger hinter mir herziehe ? Ich nicht.
Aber am allerschlimmsten ist es, wenn sie mich nach einem Spaziergang in die Badewanne stellt und mich mit diesem komischen Ding abspritzt. In diesen Momenten hasse ich sie aus

tiefstem Herzen. Als wenn das Bisschen Erde und Sand auf meinem Bauch jemand schaden könnte.
Gegen das Wasser selber habe ich ja gar nichts einzuwenden, denn ich bin ein begeisterter und guter Schwimmer. Mit meiner Freundin Lola springe ich immer um die Wette ins Wasser und hole dann Bälle und Wurfscheiben heraus. Ach ja, von Lola habe ich ja noch nichts erzählt. Sie ist auch ein schwarzer Hund, aber im Gegensatz zu mir reinrassig. Doch sie ist überhaupt nicht eingebildet und mag mich so wie ich bin. Sie ist meine beste Freundin und darf machen, was sie will. Manchmal übertreibt sie es zwar ein wenig und beißt mich in den Fuß, doch ich kann ihr einfach nicht böse sein.
Wir beide lieben alle Kinder und freuen uns, wenn wir welche treffen. Deshalb sind wir immer ganz traurig, wenn wir von bösen Hunden hören, die nicht nett zu Kindern sind oder gar auf deren Spielplätzen Pipi machen.
So, ich muss jetzt aufhören, denn ich sehe gerade mein Frauchen mit einer Wurst zu meiner Futterschüssel gehen. Wenn ich mich nicht beeile, isst sie sie womöglich selbst auf, und das muss ich auf alle Fälle verhindern.

15) Mein Freund Fred

Wenn ich länger darüber nachdenke, dann fällt es mir ziemlich schwer, die richtigen Worte zu finden, um meinen Freund Fred so zu beschreiben, wie er wirklich ist. Denn es ist völlig klar, dass ihn jemand anderer ganz anders sieht und einschätzt, als ich das tue.
Um mit seinem Äußeren zu beginnen, er ist überdurchschnittlich groß und hat eine sportliche Figur. Das kommt allerdings vom vielen Trainieren, denn er ist furchtbar ehrgeizig. Seine dunkelblonden Haare sind meistens sehr kurz geschnitten, und deshalb finde ich es immer komisch, wenn er sich mit den Fingern durchfährt. Leider sieht er sehr schlecht, und deswegen muss er eine Brille tragen, aber ich finde nicht, dass sie stört. Alles in allem finden ihn die Mädchen eigentlich ganz fesch.
Aber was viel wichtiger ist, er hat Sinn für Humor und besitzt die Gabe, sich über sich selbst lustig machen zu können, und das schaffen die meisten Leute, die ich kenne, nicht. Mein Gott, was habe ich schon in meinem Leben mit ihm gelacht und Spaß/Spass gehabt. Denn schlagfertig ist er nämlich auch. Manchmal habe ich das Gefühl, dass er mit einer Engelsgeduld gesegnet ist, denn du kannst ihn, wenn du dich nicht auskennst, hundert Mal das Gleiche fragen, und er wird nicht nervös oder fahrig. Doch er kann auch anders. Ich habe ihn einmal erlebt, da war er über etwas schrecklich sauer, und da hatte ich den Eindruck, als wäre es jetzt am allerbesten, ihn besser nicht anzusprechen. Trotzdem habe ich noch nie gesehen, dass er komplett die Kontrolle über sich verloren hätte.
Mein Freund Fred hat mir in meinem Leben schon oft geholfen. Immer als ich seine Hilfe brauchte, stand er mir mit Rat und Tat zur Seite. Nicht, dass er mich des Langen und Breiten bedauert hätte. Das ist nicht sein Stil. Er bleibt sachlich, muntert auf und versucht, die Dinge praktisch zu sehen. Als ich ihm einmal für seine Hilfe danken wollte, meinte er, das müsse ich nicht, er habe mir ja gar nicht so viel geholfen, sondern sei einfach nur nett gewesen. Aber ich habe mich auch schon oft über ihn geärgert, und zwar dann, wenn er es mit seinen Lebensweisheiten etwas übertreibt und immer zu wissen glaubt, was gut für mich ist und was nicht. In diesen Momenten geht mir dann seine selbstgerechte Art furchtbar auf die Nerven. Aber Freunde wären keine Freunde, wenn man sich nicht auch manches Mal übereinander ärgern würde. Vielleicht klingt es ja ein wenig melodramatisch, aber ich bin mir sicher, ich würde meinen guten Freund sehr vermissen, wenn er eines Tages mein Leben verlässt.

Erklärung der lateinischen Fachausdrücke

Adjektiv	Eigenschaftswort, Art-, Bei-, Wiewort
Adverb	Umstandswort
adverbiale Bestimmung	Umstandsergänzung
Akkusativ	4. Fall, Wenfall
Akkusativobjekt	Ergänzung im 4. Fall
Aktiv	Tatform, Tätigkeitsform
Apposition	Beisatz, Form der Beifügung
Artikel	Geschlechtswort, Begleiter des Nomens
Attribut	Beifügung, Gliedteil
Dativ	3. Fall, Wemfall
Dativobjekt	Ergänzung im 3. Fall
Deklarativsatz	Aussagesatz
Deklination	Abwandlung d. Form, Beugung, Fallsetzung
deklinieren	beugen von Nomen, Art., Pron. und Adj.
Demonstrativpronomen	hinweisendes Fürwort
Exklamativsatz	Ausrufsatz
Femininum	weibliches Geschlecht
Finalsatz	Zweck- oder Absichtssatz
finite Verbform	Personalform
Futur I	1. Zukunft
Futur II	2. Zukunft, Vorzukunft
Genitiv	2. Fall, Wesfall
Genitivattribut	Beifügung im 2. Fall
Genitivobjekt	Ergänzung im 2. Fall
Genus	grammatisches Geschlecht
Imperativ	Befehlsform
Imperativsatz	Aufforderungssatz
Imperfekt	frühere Bezeichnung für Präteritum
Indefinitpronomen	unbestimmtes Fürwort
Indikativ	Wirklichkeitsform
Infinitiv	Nennform des Verbs
Interjektion	Empfindungswort, eingeworfenes Wort
Interrogativpronomen	fragendes Fürwort
Interrogativsatz	Fragesatz
Kardinalzahlen	Grundzahlen
kausal	zur Angabe des Grundes
Kausalsatz	Begründungssatz
Kasus	Fall

Komparativ	erste Steigerung bei den Vergleichsformen
Konditionalsatz	Bedingungssatz
Konjugation	Beugung des Verbs
Konjunktion	Bindewort
Konjunktiv	Möglichkeitsform
Konsekutivsatz	Folgesatz
Konzessivsatz	Einräumungssatz
lokal	zur Ortsangabe
Lokalsatz	Ortssatz
Maskulinum	männliches Geschlecht
Modalsatz	Artsatz
Modalverb	Hilfszeitwort der Aussage
modifizierendes Verb	die Aussage abstufendes Verb
Neutrum	sächliches Geschlecht
Nomen	Nenn-, Namen-, Ding-, Hauptwort
Nominativ	1. Fall, Werfall, Wasfall
Numerale	Zahlwort
Numerus	Zahl, gibt an, ob einmal od. mehrmals
Objekt	Ergänzung
Ordinalzahlen	Ordnungszahlen
Partizip	1. Partizip: Mittelwort d. Gegenwart 2. Partizip: Mittelwort d. Vergangenheit
Passiv	Leideform
Perfekt	Vergangenheit
Personalpronomen	persönliches Fürwort
Plural	Mehrzahl
Plusquamperfekt	Vorvergangenheit
Positiv	Grundstufe bei den Vergleichsformen
Possessivpronomen	besitzanzeigendes Fürwort
Prädikat	Satzaussage (ein- bzw. mehrteiliges Verb in der Personalform)
Präposition	Vorwort, Verhältniswort
Präsens	Gegenwart
Präteritum	Mitvergangenheit
Pronomen	Begleiter bzw. Stellvertreter d. Nomens
Reflexivpronomen	rückbezügliches Fürwort
Relativpronomen	bezügliches Fürwort
Singular	Einzahl
Subjekt	Satzgegenstand, Satzglied im 1. Fall
Substantiv	vgl. Nomen

Superlativ	Höchststufe bei den Vergleichsformen
temporal	zur Zeitangabe
Temporalsatz	Zeitsatz
Tempus	Zeit, Zeitform
Verb	Zeitwort